Aromas de la India

Recetas Auténticas para un Viaje Culinario

Ana López

Contenido

Huevo Masala 18
    Ingredientes 18
    método 18
Pakoda de gambas 20
    Ingredientes 20
    método 20
Patatas fritas con queso 21
    Ingredientes 21
    método 22
Enlace de Mysore 23
    Ingredientes 23
    método 23
Radhaballabhi 24
    Ingredientes 24
    método 24
medu vada 26
    Ingredientes 26
    método 26
tortilla de tomate 28
    Ingredientes 28
    método 29
Huevo Bhurji 30
    Ingredientes 30

método	31
chuleta de huevo	32
Ingredientes	32
método	33
Jhal Mudi	34
Ingredientes	34
método	34
Tofu tikka	35
Ingredientes	35
Para la marinada:	35
método	35
Hola cable	37
Ingredientes	37
método	37
tortilla de masala	38
Ingredientes	38
método	39
masala de maní	40
Ingredientes	40
método	40
Wadi Kothmir	41
Ingredientes	41
método	42
Rollitos de arroz y maíz	43
Ingredientes	43
método	43
chuleta dahi	44

Ingredientes 44

    método 44

Uthappam 46

    Ingredientes 46

    método 46

Koraishutir Kochuri 47

    Ingredientes 47

    método 47

Kanda Vada 49

    Ingredientes 49

    método 49

Aloo Tuk 50

    Ingredientes 50

    método 50

chuleta de coco 52

    Ingredientes 52

    método 52

Brote Mung Dhokla 54

    Ingredientes 54

    método 54

Paneer Pakoda 55

    Ingredientes 55

    método 56

pastel de carne indio 57

    Ingredientes 57

    método 58

Paneer Tikka 59

- Ingredientes 59
- Para la marinada: 59
- método 60
- chuleta de panela 61
  - Ingredientes 61
  - método 62
- Dhal ke kebab 63
  - Ingredientes 63
  - método 63
- Bolas de arroz saladas 64
  - Ingredientes 64
  - método 64
- Rollo Roti Nutritivo 65
  - Ingredientes 65
  - Para el roti: 65
  - método 66
- Brocheta de pollo y menta 67
  - Ingredientes 67
  - método 68
- chips de masala 69
  - Ingredientes 69
  - método 69
- Samosas de verduras mixtas 70
  - Ingredientes 70
  - Para pastelería: 70
  - método 71
- Rollitos de carne picada 72

Ingredientes 72

método 72

kebab desnudo 73

Ingredientes 73

método 74

Mathis 75

Ingredientes 75

método 75

Poha Pakoda 76

Ingredientes 76

método 77

Hariyali Murgh Tikka 78

Ingredientes 78

Para la marinada: 78

método 79

kebab boti 80

Ingredientes 80

método 81

chaat 82

Ingredientes 82

método 83

Chile Idli 83

Ingredientes 83

método 84

canapés de espinacas 85

Ingredientes 85

método 86

- Paushtik Chaat 87
  - Ingredientes 87
  - método 88
- Rollo de repollo 89
  - Ingredientes 89
  - método 90
- pan de tomate 91
  - Ingredientes 91
  - método 91
- Bolitas de maíz y queso 92
  - Ingredientes 92
  - método 92
- Copos De Maíz Chivda 93
  - Ingredientes 93
  - método 94
- Rollo con nueces 95
  - Ingredientes 95
  - método 96
- Repollo con carne picada 97
  - Ingredientes 97
  - método 98
- Pav Bhaji 99
  - Ingredientes 99
  - método 100
- chuleta de soja 101
  - Ingredientes 101
  - método 101

Bhel de maíz 103
    Ingredientes 103
    método 103
Methi Gota 104
    Ingredientes 104
    método 105
Idli 106
    Ingredientes 106
    método 106
Idli plus 107
    Ingredientes 107
    método 108
Sándwich de masala 109
    Ingredientes 109
    método 110
Kebab con menta 111
    Ingredientes 111
    método 111
Verduras Sevia Upma 112
    Ingredientes 112
    método 113
bhel 114
    Ingredientes 114
    método 114
Sabudana Khichdi 115
    Ingredientes 115
    método 116

- Dhokla sencillo ... 117
  - Ingredientes ... 117
  - método ... 118
- patatas jaldi ... 119
  - Ingredientes ... 119
  - método ... 119
- Naranja Dhokla ... 120
  - Ingredientes ... 120
  - método ... 121
- Muthia de repollo ... 122
  - Ingredientes ... 122
  - método ... 123
- Rava Dhokla ... 124
  - Ingredientes ... 124
  - método ... 124
- Chapatti Upma ... 125
  - Ingredientes ... 125
  - método ... 126
- Mung Dhokla ... 127
  - Ingredientes ... 127
  - método ... 127
- Chuleta de carne mogolai ... 128
  - Ingredientes ... 128
  - método ... 129
- Masala Vada ... 130
  - Ingredientes ... 130
  - método ... 130

Chivda de repollo 131
    Ingredientes 131
    método 131
Pan Besan Bhajji 133
    Ingredientes 133
    método 133
Kebab Methi Seekh 134
    Ingredientes 134
    método 134
Jhinga Hariyali 135
    Ingredientes 135
    método 136
Methi Adai 137
    Ingredientes 137
    método 138
Chaat de guisantes 139
    Ingredientes 139
    método 139
Shingada 140
    Ingredientes 140
    Para pastelería: 140
    método 141
Cebolla Bhajia 142
    Ingredientes 142
    método 142
Bagani Murgh 143
    Ingredientes 143

Para la marinada: 143

    método 144

Patata Tikki 145

    Ingredientes 145

    método 146

Batata Vada 147

    Ingredientes 147

    método 148

Mini kebab de pollo 149

    Ingredientes 149

    método 149

Rissol de lentejas 151

    Ingredientes 151

    método 152

Poha nutritiva 153

    Ingredientes 153

    método 153

frijoles usados 154

    Ingredientes 154

    método 155

Pakoda de pan con chutney 156

    Ingredientes 156

    método 156

Delicia de Methi Khakra 157

    Ingredientes 157

    método 157

chuleta verde 158

Ingredientes	158
método	159
mano	160
Ingredientes	160
método	161
Ghugra	162
Ingredientes	162
método	162
kebab de plátano	164
Ingredientes	164
método	164
masala de gambas	165
Ingredientes	165
método	166
pescado con ajo	167
Ingredientes	167
método	167
arroz con patatas	168
Ingredientes	168
Para albóndigas:	168
método	169
Pulao vegetal	170
Ingredientes	170
método	171
Kachche Gosht ki Biryani	172
Ingredientes	172
Para la marinada:	172

método	173
Achari Gosht ki Biryani	174
Ingredientes	174
método	175
rollo nutritivo	177
Ingredientes	177
método	178
Sabudana Palak Doodhi Uttapam	179
Ingredientes	179
método	180
Poha	181
Ingredientes	181
método	182
chuleta de verduras	183
Ingredientes	183
método	184
Uppit de soja	185
Ingredientes	185
método	186
Upma	187
Ingredientes	187
método	188
Fideos Upma	189
Ingredientes	189
método	190
Vínculo	191
Ingredientes	191

método	192
Dhokla instantáneo	193
Ingredientes	193
método	194
Dhal Maharani	195
Ingredientes	195
método	196
Milag Kuzhamb	197
Ingredientes	197
método	198
Dhal Hariyali	199
Ingredientes	199
método	200
Dhalcha	201
Ingredientes	201
método	202
Tarkari Dhalcha	203
Ingredientes	203
método	204
Dhokar Dhalna	205
Ingredientes	205
método	205
engañado	207
Ingredientes	207
método	207
Dulce Dhal	208
Ingredientes	208

método 209
Dhal agridulce 210
    Ingredientes 210
    método 211
Mung-ni-Dhal 212
    Ingredientes 212
    método 213
Dhal con cebolla y coco 214
    Ingredientes 214
    método 215
Dahi Kadhi 216
    Ingredientes 216
    método 217
Dhal de espinacas 218
    Ingredientes 218
    método 219

Huevo Masala

Para 4 personas

Ingredientes

2 cebollas pequeñas picadas

2 chiles verdes, picados

2 cucharadas de aceite vegetal refinado

1 cucharadita de pasta de jengibre

1 cucharadita de pasta de ajo

1 cucharadita de chile en polvo

½ cucharadita de cúrcuma

1 cucharadita de cilantro molido

1 cucharadita de comino molido

½ cucharadita de garam masala

2 tomates, finamente picados

2 cucharadas de besan*

Agrega sal al gusto

25 g/hojas pequeñas de cilantro, finamente picadas

Hervir 8 huevos y cortarlos por la mitad.

método

- Muele la cebolla picada y los chiles verdes hasta formar una pasta gruesa.

- Calienta el aceite en una olla. Agrega esta pasta junto con la pasta de jengibre, la pasta de ajo, el chile en polvo, la cúrcuma, el cilantro molido, el comino molido y el garam masala. Mezclar bien y freír durante 3 minutos, revolviendo constantemente.

- Agrega los tomates y saltea durante 4 minutos.

- Agrega el besan y la sal. Mezclar bien y cocinar a fuego lento durante un minuto más.

- Agrega las hojas de cilantro y saltea durante 2-3 minutos más a fuego medio.

- Agrega los huevos y mezcla suavemente. El masala debe cubrir bien los huevos por todos lados. Cocine a fuego lento durante 3-4 minutos.

- Servir caliente.

Pakoda de gambas

(un bocado de gambas fritas)

Para 4 personas

Ingredientes

250 g/9 oz de langostinos, pelados y desvenados

Agrega sal al gusto

375g/13oz loco*

1 cucharadita de pasta de jengibre

1 cucharadita de pasta de ajo

½ cucharadita de cúrcuma

1 cucharadita de garam masala

150 mililitros de agua

Aceite vegetal refinado para freír

método

- Marinar las gambas en sal durante 20 minutos.
- Agrega el resto de los ingredientes, excepto el aceite.
- Agregue suficiente agua para hacer una masa espesa.
- Calienta el aceite en una olla. Agrega pequeñas cucharadas de masa y sofríe a fuego medio hasta que estén doradas. Escurrir sobre papel absorbente.
- Sirva caliente con chutney de menta.

Patatas fritas con queso

Para 6

Ingredientes

2 cucharadas de harina blanca suave

240 ml de leche

4 cucharadas de mantequilla

1 cebolla mediana, finamente picada

Agrega sal al gusto

150 g/5½ oz de queso de cabra escurrido

150 g/5½ oz de queso cheddar rallado

12 rebanadas de pan

2 huevos batidos

método

- Mezclar la harina, la leche y 1 cucharadita de mantequilla en una cacerola. Déjalo hervir teniendo cuidado de que no se formen grumos. Cocine a fuego lento hasta que la mezcla espese. Dejar de lado.
- Calienta la mantequilla restante en una olla. Freír la cebolla a fuego medio hasta que esté blanda.
- Agrega la sal, el queso de cabra, el queso cheddar y la mezcla de harina. Mezcle bien y deje reposar.
- Unta las rebanadas de pan con mantequilla. Unte una cucharada de la mezcla de queso en 6 rebanadas y cubra con las otras 6 rebanadas.
- Unte la parte superior de estos sándwiches con huevo batido.
- Hornee en un horno precalentado a 180°C (350°F/termostato de gas 6) durante 10-15 minutos hasta que se doren. Sirva caliente con salsa de tomate.

Enlace de Mysore

(Bola de masa de harina frita del sur de la India)

hace 12

Ingredientes

175 g/6 oz de harina blanca normal

1 cebolla pequeña finamente picada

1 cucharada de harina de arroz

120 ml de crema agria

Una pizca de bicarbonato de sodio

2 cucharadas de hojas de cilantro picadas

Agrega sal al gusto

Aceite vegetal refinado para freír

método

- Hacer la masa mezclando todos los ingredientes menos el aceite. Dejar reposar durante 3 horas.
- Calienta el aceite en el sarten. Ponle cucharadas de masa y sofríe a fuego medio hasta que se doren. Sirva caliente con salsa de tomate.

Radhaballabhi

(rollos salados bengalíes)

Hace 12-15

Ingredientes

4 cucharadas de mung dal*

4 cucharadas de chana dhal*

4 dientes

3 vainas de cardamomo verde

½ cucharadita de semillas de comino

3 cucharadas de ghee y extra para freír

Agrega sal al gusto

350 g/12 oz de harina blanca normal

método

- Remoja el dhal durante la noche. Escurrir el agua y triturar hasta obtener una pasta. Dejar de lado.
- Muele juntos los clavos, el cardamomo y las semillas de comino.
- Calienta 1 cucharada de ghee en una sartén. Freír las especias molidas durante 30 segundos. Agrega la pasta

dhal y la sal. Freír a fuego medio hasta que se seque. Dejar de lado.
- Mezclar la harina con 2 cucharadas de ghee, sal y suficiente agua para hacer una masa firme. Dividir en bolitas del tamaño de un limón. Enrolle en discos y coloque bolas de dhal frito en el centro de cada uno. Cierra como una bolsa.
- Enrolle las bolsas hasta formar puris gruesos, cada uno de 10 cm/4 pulgadas de diámetro. Dejar de lado.
- Calienta el ghee en una olla. Freír los puris en aceite profundo hasta que estén dorados.
- Escurrir sobre papel absorbente y servir caliente.

medu vada

(Galletas de lentejas fritas)

Para 4 personas

Ingredientes

300 g/10 oz de urad dhal*, remojado durante 6 horas

Agrega sal al gusto

¼ de cucharadita de asafétida

8 hojas de curry

1 cucharadita de semillas de comino

1 cucharadita de pimienta negra molida

Verduras refinadas para freír

método

- Escurre el urad dhal y muélelo hasta obtener una pasta espesa y seca.
- Agregue todos los ingredientes restantes excepto el aceite y mezcle bien.
- Mójate las palmas. Hacer una bola del tamaño de un limón con la masa, aplanarla y hacer un agujero en el medio como si fuera un donut. Repita para el resto de la masa.
- Calienta el aceite en el sarten. Saltee la vada hasta que esté dorada.

- Sirva caliente con sambhar.

tortilla de tomate

hace 10

Ingredientes

2 tomates grandes, finamente picados

180 g/6½ oz de besan*

85 g/3 oz de harina integral

2 cucharadas de sémola

1 cebolla grande finamente picada

½ cucharadita de pasta de jengibre

½ cucharadita de pasta de ajo

¼ de cucharadita de cúrcuma

½ cucharadita de chile en polvo

1 cucharadita de cilantro molido

½ cucharadita de comino molido, tostado en seco

25 g/hojas pequeñas de cilantro picadas

Agrega sal al gusto

120 ml de agua

Untable de verduras refinadas

método

- Mezclar todos los ingredientes excepto el aceite hasta obtener una mezcla espesa.
- Engrasa y calienta una sartén plana. Unte encima una cucharada de masa.
- Rociar la tortilla con aceite, tapar y cocinar a fuego medio durante 2 minutos. Gira y repite. Repita con la masa restante.
- Sirva caliente con salsa de tomate o chutney de menta.

Huevo Bhurji

(Huevos revueltos picantes)

Para 4 personas

Ingredientes

4 cucharadas de aceite vegetal refinado

½ cucharadita de semillas de comino

2 cebollas grandes finamente picadas

8 dientes de ajo, finamente picados

½ cucharadita de cúrcuma

3 chiles verdes, finamente picados

2 tomates, finamente picados

Agrega sal al gusto

8 huevos batidos

10 g/¼ oz de hojas de cilantro picadas

método

- Calienta el aceite en una olla. Agrega las semillas de comino. Déjalos rociar durante 15 segundos. Agrega la cebolla y sofríela a fuego medio hasta que quede traslúcida.
- Agrega el ajo, la cúrcuma, el chile verde y los tomates. Sofría durante 2 minutos. Agrega los huevos y cocina, revolviendo constantemente, hasta que los huevos estén cocidos.
- Decorar con hojas de cilantro y servir caliente.

chuleta de huevo

hace 8

Ingredientes

240 ml/8 fl oz de aceite vegetal refinado

1 cebolla grande finamente picada

1 cucharadita de pasta de jengibre

1 cucharadita de pasta de ajo

Agrega sal al gusto

½ cucharadita de pimienta negra molida

2 patatas grandes, hervidas y trituradas

8 huevos duros, partidos por la mitad

1 huevo batido

100 g/3½ oz de pan rallado

método

- Calienta el aceite en una olla. Agrega la cebolla, la pasta de jengibre, la pasta de ajo, la sal y la pimienta negra. Freír a fuego medio hasta que estén doradas.
- Agrega las patatas. Freír durante 2 minutos.
- Saque las yemas de huevo y agréguelas a la mezcla de patatas. Mezclar bien.
- Rellenar los huevos ahuecados con una mezcla de patatas y yemas.
- Pasarlos por huevo batido y pasarlos por pan rallado. Dejar de lado.
- Calienta el aceite en el sarten. Saltee los huevos hasta que estén dorados. Servir caliente.

Jhal Mudi

(arroz inflado picante)

Para 5-6 porciones

Ingredientes

300g/10oz de pepino*

1 pepino, finamente picado

125g/4½oz de chana cocida*

1 papa grande hervida y finamente picada

125 g/4½ oz de maní tostado

1 cebolla grande finamente picada

25 g/hojas pequeñas de cilantro, finamente picadas

4-5 cucharadas de aceite de mostaza

1 cucharada de comino molido, tostado en seco

2 cucharadas de jugo de limón

Agrega sal al gusto

método

- Mezcle todos los ingredientes para mezclar bien. Servir inmediatamente.

Tofu tikka

hace 15

Ingredientes

300 g/10 oz de tofu, picado en trozos de 5 cm/2 pulgadas

1 pimiento verde, cortado en cubitos

1 tomate, cortado en cubitos

1 cebolla grande, picada

1 cucharadita de chaat masala*

250 g/9 oz de yogur griego

½ cucharadita de garam masala

½ cucharadita de cúrcuma

1 cucharadita de pasta de ajo

1 cucharadita de jugo de limón

Agrega sal al gusto

1 cucharada de aceite vegetal refinado

Para la marinada:

25 g / 1 oz escasa de hojas de cilantro molidas

25 g/escaso 1 oz de hojas de menta molidas

método

- Mezclar los ingredientes para la marinada. Marina el tofu con la mezcla durante 30 minutos.
- Asa con trozos de pimiento, tomate y cebolla durante 20 minutos, volteando de vez en cuando.
- Espolvorea chaat masala encima. Servir caliente con chutney de menta.

Hola cable

(Mezcla de patatas picantes, garbanzos y tamarindo)

Para 4 personas

Ingredientes

3 patatas grandes, hervidas y cortadas finamente

250 g/9 oz de guisantes blancos*, cocido

1 cebolla grande finamente picada

1 chile verde, finamente picado

2 cucharaditas de pasta de tamarindo

2 cucharaditas de semillas de comino tostadas secas, molidas

10 g/¼ oz de hojas de cilantro picadas

Agrega sal al gusto

método

- Mezclar todos los ingredientes en un bol. Triturar ligeramente.
- Servir frío o a temperatura ambiente.

tortilla de masala

hace 6

Ingredientes

8 huevos batidos

1 cebolla grande finamente picada

1 tomate, finamente picado

4 chiles verdes, finamente picados

2-3 dientes de ajo, finamente picados

2,5 cm/1 pulgada de raíz de jengibre, finamente picada

3 cucharadas de hojas de cilantro, finamente picadas

1 cucharadita de chaat masala*

½ cucharadita de cúrcuma

Agrega sal al gusto

6 cucharadas de aceite vegetal refinado

método

- Mezclar todos los ingredientes excepto el aceite y mezclar bien.
- Calentar una sartén y engrasarla con 1 cucharada de aceite. Unte encima una sexta parte de la mezcla de huevo.
- Cuando se haya enfriado, dale la vuelta a la tortilla y cocina el otro lado a fuego medio.
- Repita para el resto de la masa.
- Servir caliente con ketchup o ajvar de menta.

masala de maní

Para 4 personas

Ingredientes

500 g/1 libra 2 oz de maní tostado

1 cebolla grande finamente picada

3 chiles verdes, finamente picados

25 g/hojas pequeñas de cilantro, finamente picadas

1 papa grande, hervida y picada

1 cucharadita de chaat masala*

1 cucharada de jugo de limón

Agrega sal al gusto

método

- Mezcle todos los ingredientes para mezclar bien. Servir inmediatamente.

Wadi Kothmir

(Bolas de cilantro fritas)

Hace 20-25

Ingredientes

100 g/3½ oz de hojas de cilantro, finamente picadas

250 g/9 oz de besan*

45 g/1½ oz de harina de arroz

3 chiles verdes, finamente picados

½ cucharadita de pasta de jengibre

½ cucharadita de pasta de ajo

1 cucharada de semillas de sésamo

1 cucharadita de cúrcuma

1 cucharadita de cilantro molido

1 cucharadita de azúcar

¼ de cucharadita de asafétida

¼ de cucharadita de bicarbonato de sodio

Agrega sal al gusto

150 mililitros de agua

Aceite vegetal refinado para engrasar más un aditivo para freír

método

- Mezclar todos los ingredientes excepto el aceite en un bol. Agrega un poco de agua para obtener una mezcla espesa.
- Engrase un molde para pasteles redondo de 20 cm con aceite y vierta la masa en él.
- Cocine al vapor durante 10-15 minutos. Dejar reposar durante 10 minutos para que se enfríe. Pica la mezcla cocida en trozos cuadrados.
- Calienta el aceite en el sarten. Freír los trozos hasta que estén dorados por ambos lados. Servir caliente.

Rollitos de arroz y maíz

Para 4 personas

Ingredientes

100 g/3½ oz de arroz al vapor, triturado

200 g/7 oz de granos de maíz cocidos

125 g/4½ oz de besan*

1 cebolla grande finamente picada

1 cucharadita de garam masala

½ cucharadita de chile en polvo

10 g/¼ oz de hojas de cilantro picadas

Jugo de 1 limón

Agrega sal al gusto

Aceite vegetal refinado para freír

método

- Mezclar todos los ingredientes excepto el aceite.
- Calienta el aceite en una olla. Poner cucharadas pequeñas de la mezcla en el aceite y sofreír hasta que estén doradas por todos lados.
- Escurrir sobre papel absorbente. Servir caliente.

chuleta dahi

(pastel de yogur)

Para 4 personas

Ingredientes

600 g/1 libra 5 oz de yogur griego

Agrega sal al gusto

3 cucharadas de hojas de cilantro picadas

6 chiles verdes, finamente picados

200 g/7 oz de pan rallado

1 cucharadita de garam masala

2 cucharaditas de nueces picadas

2 cucharadas de harina blanca suave

½ cucharadita de bicarbonato de sodio

90 ml/3 onzas líquidas de agua

Aceite vegetal refinado para freír

método

- Mezclar el yogur con sal, hojas de cilantro, chile, pan rallado y garam masala. Dividir en porciones del tamaño de un limón.

- Presione algunas nueces picadas en el centro de cada parte. Dejar de lado.
- Mezcla la harina, el bicarbonato de sodio y suficiente agua para obtener una mezcla fina. Sumerge las chuletas en la masa y reserva.
- Calienta el aceite en una olla. Saltee las chuletas hasta que estén doradas.
- Servir caliente con chutney de menta.

Uthappam

(tortita de arroz)

hace 12

Ingredientes

500 g/1 libra 2 oz de arroz

150 g/5½ oz de urad dhal*

2 cucharaditas de semillas de fenogreco

Agrega sal al gusto

12 cucharadas de aceite vegetal refinado

método

- Mezclar todos los ingredientes excepto el aceite. Remojar en agua durante 6-7 horas. Escurrir y triturar hasta obtener una pasta fina. Dejar reposar durante 8 horas para que fermente.
- Calienta una sartén y cúbrela con 1 cucharadita de aceite.
- Vierta una cucharada grande de masa. Unte como un panqueque.
- Cocine a fuego lento durante 2-3 minutos. Gira y repite.
- Repita para el resto de la masa. Servir caliente.

Koraishutir Kochuri

(pan relleno de guisantes)

Para 4 personas

Ingredientes

175 g/6 oz de harina blanca normal

¾ cucharadita de sal

2 cucharadas de ghee y extra para freír

500 g/1 libra 2 oz de guisantes congelados

2,5 cm/1 pulgada de raíz de jengibre

4 pimientos verdes pequeños

2 cucharadas de semillas de hinojo

¼ de cucharadita de asafétida

método

- Amasar la harina con ¼ de cucharadita de sal y 2 cucharadas de ghee. Dejar de lado.
- Muele los guisantes, el jengibre, la guindilla y el hinojo hasta obtener una pasta fina. Dejar de lado.
- Calienta una cucharadita de ghee en una olla. Freír la asafétida durante 30 segundos.
- Agrega la pasta de guisantes y ½ cucharadita de sal. Sofría durante 5 minutos. Dejar de lado.

- Dividir la masa en 8 bolas. Aplana cada uno y rellena con la mezcla de guisantes. Sellar como una bolsa y volver a aplanar. Enrolle en discos redondos.
- Calienta el ghee en una olla. Agrega los discos rellenos y sofríe a fuego medio hasta que estén dorados. Escurrir sobre papel absorbente y servir caliente.

Kanda Vada

(paquete de cebolla)

Para 4 personas

Ingredientes

4 cebollas grandes, en rodajas

4 chiles verdes, finamente picados

10 g/¼ oz de hojas de cilantro picadas

¾ cucharadita de pasta de ajo

¾ cucharadita de pasta de jengibre

½ cucharadita de cúrcuma

Una pizca de bicarbonato de sodio

Agrega sal al gusto

250 g/9 oz de besan*

Aceite vegetal refinado para freír

método

- Mezclar todos los ingredientes excepto el aceite. Amasar y reservar durante 10 minutos.
- Calienta el aceite en una olla. Agrega cucharadas de la mezcla al aceite y fríe a fuego medio hasta que estén doradas. Servir caliente.

Aloo Tuk

(bocadillo de patatas picante)

Para 4 personas

Ingredientes

8-10 patatas tiernas, hervidas

Agrega sal al gusto

Aceite vegetal refinado para freír.

2 cucharadas de ajvar de menta

2 cucharadas de chutney de tomate dulce

1 cebolla grande finamente picada

2-3 chiles verdes, finamente picados

1 cucharadita de sal negra en polvo

1 cucharadita de chaat masala*

Jugo de 1 limón

método

- Presiona ligeramente la patata para aplanarla un poco. Espolvorea con sal.
- Calienta el aceite en una olla. Añade las patatas y sofríe hasta que estén doradas por todos lados.

- Transfiera las patatas a una fuente para servir. Rocíe encima chutney de menta y chutney de tomate dulce.
- Espolvoree cebolla, chile verde, sal negra, chaat masala y jugo de limón encima. Servir inmediatamente.

chuleta de coco

hace 10

Ingredientes

200 g/7 oz de coco fresco rallado

2,5 cm/1 pulgada de raíz de jengibre

4 chiles verdes

2 cebollas grandes finamente picadas

50 g/1¾ oz de hojas de cilantro

4-5 hojas de curry

Agrega sal al gusto

2 patatas grandes, hervidas y trituradas

2 huevos batidos

100 g/3½ oz de pan rallado

Aceite vegetal refinado para freír

método

- Muele juntos el coco, el jengibre, la guindilla, la cebolla, las hojas de cilantro y las hojas de curry. Dejar de lado.
- Salar las patatas y mezclar bien.
- Haz bolitas de papa del tamaño de un limón y aplánalas en la palma de tu mano.

- Coloca un poco de la mezcla de coco molido en el centro de cada hamburguesa. Ciérralos como una bolsa y vuelve a aplanarlos suavemente.
- Pasar cada chuleta por huevo batido y pasar por pan rallado.
- Calienta el aceite en una olla. Saltee las chuletas hasta que estén doradas.
- Escurrir sobre papel absorbente y servir caliente con chutney de menta.

Brote Mung Dhokla

(pastel de frijol mungo al vapor)

hace 20

Ingredientes

200 g/7 oz de frijoles mungos germinados

150 g/5½ oz de dhal mungo*

2 cucharadas de crema agria

Agrega sal al gusto

2 cucharadas de zanahoria rallada

Aceite vegetal refinado para lubricación.

método

- Mezcle los frijoles mungo, el mung dhal y la crema agria. Moler hasta obtener una pasta suave. Fermentar durante 3-4 horas. Agrega sal y reserva.
- Engrase un molde para pastel redondo de 20 cm/8 pulgadas. Vierta la mezcla de dhal en él. Espolvoree las zanahorias encima y cocine al vapor durante 7 minutos.
- Cortar en trozos y servir caliente.

Paneer Pakoda

(paneer frito)

Para 4 personas

Ingredientes

2½ cucharaditas de chile en polvo

1¼ cucharaditas de amchoor*

Panela 250g/9oz*, cortado en trozos grandes

8 cucharadas de besan*

Agrega sal al gusto

Una pizca de bicarbonato de sodio

150 mililitros de agua

Aceite vegetal refinado para freír

método

- Mezcle 1 cucharada de chile en polvo y amchoor. Marina los trozos de paneer con la mezcla durante 20 minutos.
- Mezclar el besan con el resto del chile en polvo, sal, bicarbonato de sodio y suficiente agua para hacer una masa.
- Calienta el aceite en una olla. Sumerge cada trozo de paneer en la masa y fríelo a fuego medio hasta que esté dorado.
- Servir caliente con chutney de menta.

pastel de carne indio

Para 4 personas

Ingredientes

500 g/1 libra 2 oz de carne molida

200 g/7 oz de trozos de tocino

½ cucharadita de pasta de jengibre

½ cucharadita de pasta de ajo

2 chiles verdes, finamente picados

½ cucharadita de pimienta negra molida

¼ de cucharadita de nuez moscada rallada

Jugo de 1 limón

Agrega sal al gusto

2 huevos batidos

método

- Mezclar todos los ingredientes en una olla, excepto los huevos.
- Cocine a fuego alto hasta que la mezcla esté seca. Dejar enfriar.
- Agrega los huevos batidos y mezcla bien. Vierta en un molde para pasteles de 20 x 10 cm/8 x 4 pulgadas.
- Cocine la mezcla al vapor durante 15-20 minutos. Dejar enfriar durante 10 minutos. Cortar en rodajas y servir caliente.

Paneer Tikka

(Paneer Patty)

Para 4 personas

Ingredientes

Panela 250g/9oz*, picado en 12 trozos

2 tomates, cortados en cuartos y sin pulpa

2 pimientos verdes, sin corazón y en cuartos

2 cebollas medianas, en cuartos

3-4 hojas de col picadas

1 cebolla pequeña finamente picada

Para la marinada:

1 cucharadita de pasta de jengibre

1 cucharadita de pasta de ajo

250 g/9 oz de yogur griego

2 cucharadas de crema única

Agrega sal al gusto

método

- Mezclar los ingredientes para la marinada. Marine el paneer, los tomates, los pimientos y las cebollas en esta mezcla durante 2-3 horas.
- Pégalas una tras otra y asalas al carbón hasta que los trozos de la barra estén dorados.
- Adorne con repollo y cebolla. Servir caliente.

chuleta de panela

hace 10

Ingredientes

1 cucharada de ghee

2 cebollas grandes finamente picadas

2,5 cm de raíz de jengibre rallada

2 chiles verdes, finamente picados

4 dientes de ajo, finamente picados

3 patatas, hervidas y trituradas

300 g/10 oz de queso de cabra, escurrido

1 cucharada de harina blanca suave

3 cucharadas de hojas de cilantro picadas

50 g/1¾ oz de pan rallado

Agrega sal al gusto

Aceite vegetal refinado para freír.

método

- Calienta el ghee en una olla. Agrega la cebolla, el jengibre, el chile y el ajo. Freír, revolviendo con frecuencia, hasta que la cebolla se dore. Alejar del calor.
- Agrega las patatas, el queso de cabra, la harina, las hojas de cilantro, el pan rallado y la sal. Mezclar bien y formar chuletas con la mezcla.
- Calienta el aceite en una olla. Freír las chuletas hasta que estén doradas. Servir caliente.

Dhal ke kebab

(Dhal Kebab)

hace 12

Ingredientes

600 g/1 libra 5 oz masoor dhal*

1,2 litros/2 pintas de agua

Agrega sal al gusto

3 cucharadas de hojas de cilantro picadas

3 cucharadas de harina de maíz

3 cucharadas de pan rallado

1 cucharadita de pasta de ajo

Aceite vegetal refinado para freír

método

- Cuece el dhal con agua y sal en una olla a fuego medio durante 30 minutos. Escurrir el exceso de agua y triturar el dhal cocido con una cuchara de madera.
- Agregue todos los ingredientes restantes, excepto el aceite. Mezclar bien y formar 12 hamburguesas con la mezcla.
- Calienta el aceite en una olla. Freír las hamburguesas hasta que estén doradas. Escurrir sobre papel absorbente y servir caliente.

Bolas de arroz saladas

Para 4 personas

Ingredientes

100 g/3½ oz de arroz cocido

125 g/4½ oz de besan*

125g/4½oz de yogur

½ cucharadita de chile en polvo

¼ de cucharadita de cúrcuma

1 cucharadita de garam masala

Agrega sal al gusto

Aceite vegetal refinado para freír

método

- Triture el arroz con una cuchara de madera. Agregue todos los ingredientes restantes excepto el aceite y mezcle bien. Esto debería tener una consistencia de masa para pastel. Si es necesario, agregue agua.
- Calienta el aceite en el sarten. Agrega cucharadas a la masa y fríe a fuego medio hasta que estén doradas.
- Escurrir sobre papel absorbente y servir caliente.

Rollo Roti Nutritivo

Para 4 personas

Ingredientes
Para el llenado:

1 cucharadita de semillas de comino

1 cucharadita de mantequilla

1 papa hervida, triturada

1 huevo cocido, finamente picado

1 cucharada de hojas de cilantro, picadas

½ cucharadita de chile en polvo

Una pizca de pimienta negra molida

Una pizca de garam masala

1 cucharada de cebolla tierna, finamente picada

Agrega sal al gusto

Para el roti:

85 g/3 oz de harina integral

1 cucharadita de aceite vegetal refinado

Una pizca de sal

método

- Mezclar todos los ingredientes para el relleno y triturar bien. Dejar de lado.
- Mezclar todos los ingredientes para el roti. Amasar la masa flexible.
- Forme bolitas con la masa del tamaño de nueces y enrolle cada una en discos.
- Extienda el relleno triturado de forma fina y uniforme en cada disco. Enrolle cada disco hasta formar un rollo apretado.
- Hornee ligeramente los panecillos en una sartén caliente. Servir caliente.

Brocheta de pollo y menta

hace 20

Ingredientes

500 g/1 libra 2 oz de pollo molido

50 g/1¾ oz de hojas de menta, finamente picadas

4 chiles verdes, finamente picados

1 cucharadita de cilantro molido

1 cucharadita de comino molido

Jugo de 1 limón

1 cucharadita de pasta de jengibre

1 cucharadita de pasta de ajo

1 huevo batido

1 cucharada de harina de maíz

Agrega sal al gusto

Aceite vegetal refinado para freír.

método

- Mezclar todos los ingredientes excepto el aceite. Amasar la masa blanda.
- Dividir la masa en 20 partes y aplanar cada una.
- Calienta el aceite en el sarten. Freír las brochetas a fuego medio hasta que estén doradas. Servir caliente con chutney de menta.

chips de masala

Para 4 personas

Ingredientes

200 g/7 oz de patatas fritas saladas

2 cebollas finamente picadas

10 g/¼ oz de hojas de cilantro, finamente picadas

2 cucharaditas de jugo de limón

1 cucharadita de chaat masala*

Agrega sal al gusto

método

- Desmenuza las patatas fritas. Agregue todos los ingredientes y revuelva para combinar bien.
- Servir inmediatamente.

Samosas de verduras mixtas

(Verduras mixtas)

hace 10

Ingredientes

2 cucharadas de aceite vegetal refinado y extra para freír

1 cebolla grande finamente picada

175 g/6 oz de pasta de jengibre

1 cucharadita de comino molido, tostado en seco

Agrega sal al gusto

2 patatas, hervidas y cortadas finamente

125 g/4½ oz de guisantes cocidos

Para pastelería:

175 g/6 oz de harina blanca normal

Una pizca de sal

2 cucharadas de aceite vegetal refinado

100 ml/3½ onzas líquidas de agua

método

- Calienta 2 cucharadas de aceite en una sartén. Agrega la cebolla, el jengibre y el comino molido. Freír durante 3-5 minutos, revolviendo constantemente.
- Agrega sal, patatas y guisantes. Mezclar bien y triturar. Dejar de lado.
- Haga conos de masa con los ingredientes de la masa, como en la receta de samosa de papa.
- Llene cada cono con 1 cucharada de la mezcla de papa y guisantes y selle los bordes.
- Calentar el aceite en una sartén y freír los conos hasta que estén dorados.
- Escurrir y servir caliente con ketchup o ajvar de menta.

Rollitos de carne picada

hace 12

Ingredientes

500 g/1 libra 2 oz de cordero molido

2 chiles verdes, finamente picados

2,5 cm/1 pulgada de raíz de jengibre, finamente picada

2 dientes de ajo, finamente picados

1 cucharadita de garam masala

1 cebolla grande finamente picada

25 g/hojas pequeñas de cilantro picadas

1 huevo batido

Agrega sal al gusto

50 g/1¾ oz de pan rallado

Aceite vegetal refinado para freír

método

- Mezclar todos los ingredientes excepto el pan rallado y el aceite. Divida la mezcla en 12 partes cilíndricas. Enrollar en pan rallado. Dejar de lado.
- Calienta el aceite en el sarten. Freír los rollitos a fuego lento hasta que estén dorados por todos lados.
- Servir caliente con ajvar de coco verde.

kebab desnudo

(Rollitos de verduras)

hace 12

Ingredientes

1 zanahoria grande, finamente picada

50g/1¾oz de habas picadas

50 g/1¾ oz de col, finamente picada

1 cebolla pequeña, rallada

1 cucharadita de pasta de ajo

2 chiles verdes

Agrega sal al gusto

½ cucharadita de azúcar

½ cucharadita de amchoor*

50 g/1¾ oz de pan rallado

125 g/4½ oz de besan*

Aceite vegetal refinado para freír.

método

- Mezclar todos los ingredientes excepto el aceite. Forme 12 cilindros.
- Calienta el aceite en el sarten. Saltee los cilindros hasta que estén dorados.
- Sirva caliente con salsa de tomate.

Mathis

(Dulces fritos)

hace 25

Ingredientes

350 g/12 oz de harina blanca normal

200 ml de agua tibia

1 cucharada de ghee

1 cucharadita de semillas de ajowan

1 cucharada de ghee

Agrega sal al gusto

Aceite vegetal refinado para freír

método

- Mezclar todos los ingredientes excepto el aceite. Amasar la masa flexible.
- Dividir la masa en 25 partes. Enrolle cada porción hasta formar un disco de 5 cm/2 pulgadas. Pincha los discos con un tenedor y déjalos reposar durante 30 minutos.
- Calienta el aceite en una olla. Freír los discos hasta que adquieran un color dorado pálido.
- Escurrir sobre papel absorbente. Dejar enfriar y guardar en un recipiente hermético.

Poha Pakoda

Para 4 personas

Ingredientes

100 g/3½ oz de pan rallado*

500 ml/16 onzas líquidas de agua

125 g/4½ oz de maní, triturado grueso

½ cucharadita de pasta de jengibre

½ cucharadita de pasta de ajo

2 cucharaditas de jugo de limón

1 cucharadita de azúcar

1 cucharadita de cilantro molido

½ cucharadita de comino molido

10 g/¼ oz de hojas de cilantro, finamente picadas

Agrega sal al gusto

Aceite vegetal refinado para freír

método

- Remojar la poha en agua durante 15 minutos. Escurrir y mezclar con todos los ingredientes restantes, excepto el aceite. Formar bolitas del tamaño de nueces.
- Calienta el aceite en el sarten. Freír las bolas de poha a fuego medio hasta que estén doradas.
- Escurrir sobre papel absorbente. Servir caliente con chutney de menta.

Hariyali Murgh Tikka

(Pollo Verde Tikka)

Para 4 personas

Ingredientes

650 g/1 lb 6 oz de pollo deshuesado, cortado en trozos de 5 cm/2 pulgadas

Aceite vegetal refinado para rociar

Para la marinada:

Agrega sal al gusto

125g/4½oz de yogur

1 cucharada de pasta de jengibre

1 cucharada de pasta de ajo

25 g/escaso 1 oz de hojas de menta molidas

25 g / 1 oz escasa de hojas de cilantro molidas

50 g/1¾ oz de espinacas picadas

2 cucharadas de garam masala

3 cucharadas de jugo de limón

método

- Mezclar los ingredientes para la marinada. Marina el pollo en esta mezcla durante 5-6 horas en el frigorífico. Retirar del frigorífico al menos una hora antes de cocinar.
- Asa los trozos de pollo en brochetas o en una bandeja de horno untada con aceite. Hornee hasta que el pollo esté dorado por todos lados. Servir caliente.

kebab boti

(Brocheta de cordero para picar)

hace 20

Ingredientes

500 g/1 libra 2 oz de cordero deshuesado, picado en trozos pequeños

1 cucharadita de pasta de jengibre

2 cucharaditas de pasta de ajo

2 cucharaditas de chiles verdes

½ cucharada de cilantro molido

½ cucharada de comino molido

¼ de cucharadita de cúrcuma

1 cucharadita de chile en polvo

¾ cucharadita de garam masala

Jugo de 1 limón

Agrega sal al gusto

método

- Mezclar bien todos los ingredientes y dejar actuar 3 horas.
- Ensartar los trozos de cordero. Ase al carbón durante 20 minutos hasta que se doren. Servir caliente.

chaat

(bocadillo de patatas saladas)

Para 4 personas

Ingredientes

Aceite vegetal refinado para freír.

4 patatas medianas, hervidas, peladas y cortadas en trozos de 2,5 cm/1 pulgada

½ cucharadita de chile en polvo

Agrega sal al gusto

1 cucharadita de comino molido, tostado en seco

1½ cucharaditas de chaat masala*

1 cucharadita de jugo de limón

2 cucharadas de ajvar de mango dulce y picante

1 cucharada de ajvar de menta

10 g/¼ oz de hojas de cilantro picadas

1 cebolla grande finamente picada

método

- Calienta el aceite en el sarten. Freír las patatas a fuego medio hasta que estén doradas por todos lados. Escurrir sobre papel absorbente.
- En un bol, mezcle las patatas con el chile en polvo, la sal, el comino molido, el chaat masala, el jugo de limón, el chutney de mango dulce y picante y el chutney de menta. Adorne con hojas de cilantro y cebolla. Servir inmediatamente.

Chile Idli

Para 4 personas

Ingredientes

3 cucharadas de aceite vegetal refinado

1 cucharadita de semillas de mostaza

1 cebolla pequeña, rebanada

½ cucharadita de garam masala

1 cucharada de salsa de tomate

4 idlis picados

Agrega sal al gusto

2 cucharadas de hojas de cilantro

método

- Calienta el aceite en una olla. Agrega las semillas de mostaza. Déjalos rociar durante 15 segundos.

- Agrega todos los ingredientes restantes, excepto las hojas de cilantro. Mezclar bien.

- Cocine a fuego medio durante 4-5 minutos mientras revuelve suavemente. Adorne con hojas de cilantro. Servir caliente.

canapés de espinacas

hace 10

Ingredientes

2 cucharadas de mantequilla

10 rebanadas de pan, cortadas en cuartos

2 cucharadas de ghee

1 cebolla finamente picada

300 g/10 oz de espinacas, finamente picadas

Agrega sal al gusto

125 g/4½ oz de queso de cabra escurrido

4 cucharadas de queso cheddar rallado

método

- Unte con mantequilla ambos lados del pan y hornee en el horno precalentado a 200ºC (400ºF, marca de gas 6) durante 7 minutos. Dejar de lado.

- Calienta el ghee en una olla. Freír la cebolla hasta que se dore. Agrega las espinacas y la sal. Cocine por 5 minutos. Agrega el queso de cabra y mezcla bien.

- Unte la mezcla de espinacas sobre los trozos de pan tostado. Espolvorea un poco de queso cheddar rallado encima y hornea en el horno a 130°C (250°F, marca de gas ½) hasta que el queso se derrita. Servir caliente.

Paushtik Chaat

(Refrigerio saludable)

Para 4 personas

Ingredientes

3 cucharaditas de aceite vegetal refinado

½ cucharadita de semillas de comino

2,5 cm/1 pulgada de raíz de jengibre triturada

1 patata pequeña cocida y picada

1 cucharadita de garam masala

Agrega sal al gusto

Pimienta negra molida al gusto

250 g/9 oz de frijoles mungos, cocidos

300 g/10 oz de frijoles enlatados

300 g/10 oz de garbanzos enlatados

10 g/¼ oz de hojas de cilantro picadas

1 cucharadita de jugo de limón

método

- Calienta el aceite en una olla. Agrega las semillas de comino. Déjalos rociar durante 15 segundos.
- Agrega el jengibre, las patatas, el garam masala, la sal y la pimienta. Cocine a fuego medio durante 3 minutos. Agregue los frijoles mungo, los frijoles rojos y los garbanzos. Cocine a fuego medio durante 8 minutos.
- Adorne con hojas de cilantro y jugo de limón. Servir frío.

Rollo de repollo

Para 4 personas

Ingredientes

1 cucharada de harina blanca suave

3 cucharadas de agua

Agrega sal al gusto

2 cucharadas de aceite vegetal refinado plus para freír

1 cucharadita de semillas de comino

100 g/3½ oz de vegetales mixtos congelados

1 cucharada de crema única

2 cucharadas de paneer*

¼ de cucharadita de cúrcuma

1 cucharadita de chile en polvo

1 cucharadita de cilantro molido

1 cucharadita de comino molido

Remoje 8 hojas grandes de col en agua caliente durante 2-3 minutos y escúrralas.

método

- Mezcle harina, agua y sal para hacer una pasta espesa. Dejar de lado.
- Calienta el aceite en una olla. Agrega las semillas de comino y déjalas chisporrotear durante 15 segundos. Agrega todos los ingredientes restantes, excepto las hojas de col. Cocine a fuego medio durante 2-3 minutos, revolviendo frecuentemente.
- Pon cucharadas de esta mezcla en el medio de cada hoja de col. Dobla las hojas hacia arriba y cierra los extremos con masa enharinada.
- Calienta el aceite en el sarten. Sumerja la sémola en harina en aerosol y saltee. Servir caliente.

pan de tomate

hace 4

Ingredientes

1½ cucharadas de aceite vegetal refinado

150 g/5½ oz de puré de tomate

3-4 hojas de curry

2 chiles verdes, finamente picados

Agrega sal al gusto

2 patatas grandes, hervidas y cortadas en rodajas

6 rebanadas de pan, picadas

10 g/¼ oz de hojas de cilantro picadas

método

- Calienta el aceite en una olla. Agrega el puré de tomate, las hojas de curry, los chiles verdes y la sal. Cocine por 5 minutos.
- Agrega las patatas y el pan. Cocine a fuego lento durante 5 minutos.
- Adorne con hojas de cilantro. Servir caliente.

Bolitas de maíz y queso

Hace 8-10

Ingredientes

200 g/7 oz de maíz dulce

250 g/9 oz de queso mozzarella rallado

4 patatas grandes, hervidas y trituradas

2 chiles verdes, finamente picados

2,5 cm/1 pulgada de raíz de jengibre, finamente picada

1 cucharada de hojas de cilantro, picadas

1 cucharadita de jugo de limón

50 g/1¾ oz de pan rallado

Agrega sal al gusto

Aceite vegetal refinado para freír

50g/1¾oz de sémola

método

- Mezclar todos los ingredientes excepto el aceite y la sémola en un bol. Dividir en 8-10 bolas.
- Calienta el aceite en una olla. Enrollar las bolitas en sémola y freír a fuego medio hasta que estén doradas. Servir caliente.

Copos De Maíz Chivda

(Snack de copos de maíz al horno)

Rinde 500 g/1 libra 2 oz

Ingredientes

250 g/9 oz de maní

150 g/5½ oz de chana dhal*

100g/3½oz de pasas

125 g/4½ oz de anacardos

200 g/7 oz de copos de maíz

60 ml/2 fl oz de aceite vegetal refinado

7 chiles verdes, cortados

25 hojas de curry

½ cucharadita de cúrcuma

2 cucharaditas de azúcar

Agrega sal al gusto

método

- Ase los cacahuetes, el chana dhal, las pasas, los anacardos y los copos de maíz hasta que estén crujientes. Dejar de lado.
- Calienta el aceite en una olla. Agrega los chiles verdes, las hojas de curry y la cúrcuma. Cocine a fuego medio durante un minuto.
- Agrega el azúcar, la sal y todos los ingredientes horneados. Sofría durante 2-3 minutos.
- Déjelo enfriar y guárdelo en un recipiente hermético hasta por 8 días.

Rollo con nueces

Hace 20-25

Ingredientes

140 g/5 oz de harina blanca normal

240 ml de leche

1 cucharada de mantequilla

Agrega sal al gusto

Pimienta negra molida al gusto

½ cucharada de hojas de cilantro, finamente picadas

3-4 cucharadas de queso cheddar rallado

¼ de cucharadita de nuez moscada rallada

125 g/4½ oz de anacardos, molidos gruesos

125 g/4½ oz de maní, molido grueso

50 g/1¾ oz de pan rallado

Aceite vegetal refinado para freír

método

- Mezclar 85g/3oz de harina con la leche en una cacerola. Agrega la mantequilla y cocina la mezcla, revolviendo constantemente, a fuego lento hasta que espese.
- Agrega sal y pimienta. Deja enfriar la mezcla durante 20 minutos.
- Agrega las hojas de cilantro, el queso cheddar, la nuez moscada, los anacardos y el maní. Mezclar bien. Dejar de lado.
- Espolvorea la mitad del pan rallado sobre la bandeja.
- Vierta cucharaditas de la mezcla de harina sobre el pan rallado y haga panecillos. Dejar de lado.
- Mezcle la harina restante con suficiente agua para hacer una mezcla fina. Sumerge los panecillos en la masa y vuelve a pasarlos por el pan rallado.
- Calienta el aceite en una olla. Saltee los panecillos a fuego medio hasta que adquieran un color marrón claro.
- Servir caliente con ketchup o ajvar de coco verde.

Repollo con carne picada

hace 12

Ingredientes

1 cucharada de aceite vegetal refinado más extra para freír

2 cebollas finamente picadas

2 tomates, finamente picados

½ cucharada de pasta de jengibre

½ cucharada de pasta de ajo

2 chiles verdes, rebanados

½ cucharadita de cúrcuma

½ cucharadita de chile en polvo

¼ cucharadita de pimienta negra molida

500 g/1 libra 2 oz de pollo, picado

200 g/7 oz de guisantes congelados

2 patatas pequeñas, cortadas en cubos

1 zanahoria grande, cortada en cubitos

Agrega sal al gusto

25 g/hojas pequeñas de cilantro, finamente picadas

12 hojas más grandes de repollo, hervidas

2 huevos batidos

100 g/3½ oz de pan rallado

método

- Calienta 1 cucharada de aceite en una olla. Freír la cebolla hasta que se vuelva transparente.
- Agregue los tomates, la pasta de jengibre, la pasta de ajo, los chiles verdes, la cúrcuma, el chile en polvo y la pimienta. Mezclar bien y sofreír durante 2 minutos a fuego medio.
- Agrega el pollo molido, los guisantes, las patatas, las zanahorias, la sal y las hojas de cilantro. Cocine durante 20-30 minutos, revolviendo ocasionalmente. Enfriar la mezcla durante 20 minutos.
- Coloca cucharadas de la mezcla molida en una hoja de col rizada y enrolla. Repita para las hojas restantes. Sujetar los rollitos con un palillo.
- Calienta el aceite en una olla. Pasar los rollitos por huevo, rebozar con pan rallado y freír hasta que estén dorados.
- Escurrir y servir caliente.

Pav Bhaji

(Verduras picantes con pan)

Para 4 personas

Ingredientes

- 2 patatas grandes, hervidas
- 200g/7oz de vegetales mixtos congelados (pimiento verde, zanahoria, coliflor y guisantes)
- 2 cucharadas de mantequilla
- 1½ cucharaditas de pasta de ajo
- 2 cebollas grandes, ralladas
- 4 tomates grandes, picados
- 250 ml/8 onzas líquidas de agua
- 2 cucharaditas de pav bhaji masala*
- 1½ cucharaditas de chile en polvo
- ¼ de cucharadita de cúrcuma
- Jugo de 1 limón
- Agrega sal al gusto
- 1 cucharada de hojas de cilantro, picadas
- mantequilla para hornear
- 4 panes para hamburguesa, cortados por la mitad

1 cebolla grande finamente picada

Rodajas pequeñas de limón

método

- Triturar bien las verduras. Dejar de lado.
- Calienta la mantequilla en una olla. Agrega la pasta de ajo y cebolla y sofríe hasta que la cebolla se dore. Agrega los tomates y sofríe, revolviendo ocasionalmente, a fuego medio durante 10 minutos.
- Agregue puré de verduras, agua, pav bhaji masala, chile en polvo, cúrcuma, jugo de limón y sal. Cocine a fuego lento hasta que la salsa se espese. Haga puré y cocine durante 3-4 minutos, revolviendo constantemente. Espolvorea las hojas de cilantro y mezcla bien. Dejar de lado.
- Calienta una sartén plana. Untarlo con mantequilla y freír el panecillo de hamburguesa hasta que quede crujiente por ambos lados.
- Sirva la mezcla de verduras caliente con los panecillos, con cebolla y rodajas de limón a un lado.

chuleta de soja

hace 10

Ingredientes

300 g/10 oz de dhal mungo*, remojado durante 4 horas

Agrega sal al gusto

400 g/14 oz de gránulos de soja, remojados en agua tibia durante 15 minutos

1 cebolla grande finamente picada

2-3 chiles verdes, finamente picados

1 cucharadita de amchoor*

1 cucharadita de garam masala

2 cucharadas de hojas de cilantro picadas

Panela 150g/5½oz* o tofu rallado

Aceite vegetal refinado para freír

método

- No dejes caer el dhal. Agrega sal y cocina en una olla a fuego medio durante 40 minutos. Dejar de lado.
- Escurrir los gránulos de soja. Mezclar con dhal y triturar hasta obtener una pasta espesa.
- En una sartén antiadherente, mezcla esta pasta con todos los ingredientes restantes, excepto el aceite. Cocine a fuego lento hasta que se seque.

- Divide la mezcla en bolitas del tamaño de limones y dales forma de hamburguesas.
- Calienta el aceite en una olla. Freír las chuletas hasta que estén doradas.
- Servir caliente con chutney de menta.

Bhel de maíz

(bocadillo de maíz picante)

Para 4 personas

Ingredientes

200 g/7 oz de granos de maíz cocidos

100 g/3½ oz de cebolla tierna, finamente picada

1 patata cocida, pelada y finamente picada

1 tomate, finamente picado

1 pepino, finamente picado

10 g/¼ oz de hojas de cilantro picadas

1 cucharadita de chaat masala*

2 cucharaditas de jugo de limón

1 cucharada de ajvar de menta

Agrega sal al gusto

método

- Mezcle todos los ingredientes en un bol para mezclar bien.
- Servir inmediatamente.

Methi Gota

(bola de masa de fenogreco frita)

hace 20

Ingredientes

500 g/1 libra 2 oz de besan*

45 g/1½ oz de harina integral

125g/4½oz de yogur

4 cucharadas de aceite vegetal refinado más extra para freír

2 cucharaditas de bicarbonato de sodio

50 g/1¾ oz de hojas frescas de fenogreco, finamente picadas

50 g/1¾ oz de hojas de cilantro, finamente picadas

1 plátano maduro, pelado y triturado

1 cucharada de semillas de cilantro

10-15 granos de pimienta negra

2 chiles verdes

½ cucharadita de pasta de jengibre

½ cucharadita de garam masala

Una pizca de asafétida

1 cucharadita de chile en polvo

Agrega sal al gusto

método

- Mezclar besan, harina y yogur.
- Agrega 2 cucharadas de aceite y bicarbonato de sodio. Dejar fermentar durante 2-3 horas.
- Agregue todos los ingredientes restantes, excepto el aceite. Mezclar bien para obtener una mezcla espesa.
- Calentar 2 cucharadas de aceite y agregar a la masa. Mezclar bien y dejar reposar durante 5 minutos.
- Calienta el aceite restante en una cacerola. Poner pequeñas cucharadas de masa en el aceite y sofreír hasta que estén doradas.
- Escurrir sobre papel absorbente. Servir caliente.

Idli

(pastel de arroz cocido)

Para 4 personas

Ingredientes

500 g/1 libra 2 oz de arroz, remojado durante la noche

300 g/10 oz de urad dhal*, remojado durante la noche

1 cucharada de sal

Una pizca de bicarbonato de sodio

Aceite vegetal refinado para lubricación.

método

- Escurrir el arroz y el dhal y molerlos juntos.
- Agrega sal y bicarbonato de sodio. Dejar reposar durante 8-9 horas para que fermente.
- Engrase los moldes para pasteles. Vierta la mezcla de arroz y dhal en ellos para que cada uno esté medio lleno. Cocine al vapor durante 10-12 minutos.
- Saca los idlis. Servir caliente con ajvar de coco.

Idli plus

(pastel de arroz hervido con especias)

Para 6

Ingredientes

500 g/1 libra 2 oz de arroz, remojado durante la noche

300 g/10 oz de urad dhal*, remojado durante la noche

1 cucharada de sal

¼ de cucharadita de cúrcuma

1 cucharada de azúcar

Agrega sal al gusto

1 cucharada de aceite vegetal refinado

½ cucharadita de semillas de comino

½ cucharadita de semillas de mostaza

método

- Escurrir el arroz y el dhal y molerlos juntos.
- Agrega sal y déjalo reposar durante 8-9 horas para que fermente.
- Agrega la cúrcuma, el azúcar y la sal. Mezcle bien y deje reposar.
- Calienta el aceite en una olla. Agrega el comino y las semillas de mostaza. Déjalos rociar durante 15 segundos.
- Agrega la mezcla de arroz y dhal. Cubra con una tapa y cocine a fuego lento durante 10 minutos.
- Desdobla e invierte la mezcla. Tapar nuevamente y cocinar a fuego lento durante 5 minutos.
- Perfora el idli con un tenedor. Si el tenedor sale limpio, el idli está listo.
- Cortar en trozos y servir caliente con ajvar de coco.

Sándwich de masala

hace 6

Ingredientes

2 cucharaditas de aceite vegetal refinado

1 cebolla pequeña finamente picada

¼ de cucharadita de cúrcuma

1 tomate grande, finamente picado

1 papa grande, hervida y triturada

1 cucharada de guisantes hervidos

1 cucharadita de chaat masala*

Agrega sal al gusto

10 g/¼ oz de hojas de cilantro picadas

50 g/1¾ oz de mantequilla

12 rebanadas de pan

método

- Calienta el aceite en una olla. Agrega la cebolla y sofríe hasta que esté transparente.
- Agrega la cúrcuma y el tomate. Sofreír a fuego medio durante 2-3 minutos.
- Agrega las patatas, los guisantes, el chaat masala, la sal y las hojas de cilantro. Mezclar bien y cocinar por un minuto a fuego lento. Dejar de lado.
- Unta las rebanadas de pan con mantequilla. Coloca una capa de la mezcla de verduras sobre las seis rodajas. Cubrir con las rebanadas restantes y asar durante 10 minutos. Voltear y asar nuevamente durante 5 minutos. Servir caliente.

Kebab con menta

hace 8

Ingredientes

10 g/¼ oz de hojas de menta, finamente picadas

500 g/1 lb 2 oz de queso de cabra, escurrido

2 cucharaditas de harina de maíz

10 anacardos, picados en trozos grandes

½ cucharadita de pimienta negra molida

1 cucharadita de amchoor*

Agrega sal al gusto

Aceite vegetal refinado para freír.

método

- Mezclar todos los ingredientes excepto el aceite. Amasar una masa suave pero firme. Dividir en 8 bolitas del tamaño de un limón y aplanarlas.
- Calienta el aceite en una olla. Freír las brochetas a fuego medio hasta que estén doradas.
- Servir caliente con chutney de menta.

Verduras Sevia Upma

(Merienda con fideos de verduras)

Para 4 personas

Ingredientes

5 cucharadas de aceite vegetal refinado

1 pimiento verde grande, finamente picado

¼ de cucharadita de semillas de mostaza

2 chiles verdes, cortados a lo largo

200 g/7 oz de fideos

8 hojas de curry

Agrega sal al gusto

Una pizca de asafétida

50 g/1¾ oz de frijoles, finamente picados

1 zanahoria, finamente picada

50 g/1¾ oz de guisantes congelados

1 cebolla grande finamente picada

25 g/hojas pequeñas de cilantro, finamente picadas

Jugo de 1 limón (opcional)

método

- Calienta 2 cucharadas de aceite en una olla. Freír el pimiento verde durante 2-3 minutos. Dejar de lado.
- Calienta 2 cucharadas de aceite en otra olla. Agrega las semillas de mostaza. Déjalos rociar durante 15 segundos.
- Agrega los pimientos verdes y los fideos. Freír durante 1-2 minutos a fuego medio, revolviendo de vez en cuando. Agrega las hojas de curry, la sal y la asafétida.
- Cubrir con un poco de agua y añadir el pimiento verde frito, las judías verdes, la zanahoria, los guisantes y la cebolla. Mezclar bien y cocinar durante 3-4 minutos a fuego medio.
- Cubra con una tapa y cocine por un minuto más.
- Espolvorea hojas de cilantro y jugo de limón encima. Servir caliente con ajvar de coco.

bhel

(bocadillo de arroz inflado)

Para 4-6 personas

Ingredientes

2 patatas grandes hervidas y cortadas en cubitos

2 cebollas grandes finamente picadas

125 g/4½ oz de maní tostado

2 cucharadas de comino molido, tostado en seco

300 g/10 oz de mezcla de Bhel

250 g/9 oz de ajvar de mango dulce y picante

60 g/2 oz de ajvar de menta

Agrega sal al gusto

25 g/hojas pequeñas de cilantro picadas

método

- Mezcla las patatas, la cebolla, el maní y el comino molido con Bhel Mix. Añade ambos ajvars y sal. Mezcle para mezclar.
- Colocar encima las hojas de cilantro. Servir inmediatamente.

Sabudana Khichdi

(Snack de sagú con patatas y maní)

Para 6

Ingredientes

300 g/10 oz de sagú

250 ml/8 onzas líquidas de agua

250 g/9 oz de maní, molido grueso

Agrega sal al gusto

2 cucharaditas de azúcar

25 g/hojas pequeñas de cilantro picadas

2 cucharadas de aceite vegetal refinado

1 cucharadita de semillas de comino

5-6 chiles verdes, finamente picados

100 g/3½ oz de patatas, cocidas y picadas

método

- Remojar el sagú durante la noche en agua. Agrega maní, sal, azúcar y hojas de cilantro y mezcla bien. Dejar de lado.
- Calienta el aceite en una olla. Agrega las semillas de comino y los chiles verdes. Freír durante unos 30 segundos.
- Agrega las patatas y sofríe durante 1-2 minutos a fuego medio.
- Agrega la mezcla de sagú. Mezclar y mezclar bien.
- Cubra con una tapa y cocine a fuego lento durante 2-3 minutos. Servir caliente.

Dhokla sencillo

(Pastel sencillo al vapor)

hace 25

Ingredientes

250 g/9 oz de chana dhal*, remojado durante la noche y escurrido

2 chiles verdes

1 cucharadita de pasta de jengibre

Una pizca de asafétida

½ cucharadita de bicarbonato de sodio

Agrega sal al gusto

2 cucharadas de aceite vegetal refinado

½ cucharadita de semillas de mostaza

4-5 hojas de curry

4 cucharadas de coco fresco rallado

10 g/¼ oz de hojas de cilantro picadas

método

- Muele el dhal hasta obtener una pasta gruesa. Dejar fermentar durante 6-8 horas.
- Agrega los pimientos verdes, la pasta de jengibre, la asafétida, el bicarbonato de sodio, la sal, 1 cucharada de aceite y un poco de agua. Mezclar bien.
- Engrase un molde para pastel redondo de 20 cm/8 pulgadas y rellénelo con la masa.
- Cocine al vapor durante 10-12 minutos. Dejar de lado.
- Calienta el aceite restante en una cacerola. Agrega las semillas de mostaza y las hojas de curry. Déjalos rociar durante 15 segundos.
- Vierta esto sobre los dhoklas. Adorne con hojas de coco y cilantro. Cortar en trozos y servir caliente.

patatas jaldi

Para 4 personas

Ingredientes

2 cucharaditas de aceite vegetal refinado

1 cucharadita de semillas de comino

1 chile verde, picado

½ cucharadita de sal negra

1 cucharadita de amchoor*

1 cucharadita de cilantro molido

4 patatas grandes, hervidas y cortadas en cubitos

2 cucharadas de hojas de cilantro picadas

método

- Calienta el aceite en una olla. Agrega las semillas de comino y déjalas chisporrotear durante 15 segundos.
- Agrega todos los ingredientes restantes. Mezclar bien. Cocine a fuego lento durante 3-4 minutos. Servir caliente.

Naranja Dhokla

(pastel de naranja al vapor)

hace 25

Ingredientes

50g/1¾oz de sémola

250 g/9 oz de besan*

250 ml de crema agria

Agrega sal al gusto

100 ml/3½ onzas líquidas de agua

4 dientes de ajo

1 cm/½ raíz de jengibre

3-4 chiles verdes

100 g/3½ oz de zanahorias ralladas

¾ cucharadita de bicarbonato de sodio

¼ de cucharadita de cúrcuma

Aceite vegetal refinado para lubricación.

1 cucharadita de semillas de mostaza

10-12 hojas de curry

50g/1¾oz de coco rallado

25 g/hojas pequeñas de cilantro, finamente picadas

método
- Mezclar sémola, besan, crema agria, sal y agua. Dejar fermentar durante la noche.
- Muele juntos el ajo, el jengibre y el chile.
- Añadir a la masa fermentada junto con las zanahorias, el bicarbonato de sodio y la cúrcuma. Mezclar bien.
- Engrase un molde para pastel redondo de 20 cm con un poco de aceite. Vierta la masa en él. Cocine al vapor durante unos 20 minutos. Dejar enfriar y picar en trozos.
- Calienta un poco de aceite en una olla. Agrega las semillas de mostaza y las hojas de curry. Fríelos durante 30 segundos. Vierta esto sobre los trozos de dhokla.
- Adorne con hojas de coco y cilantro. Servir caliente.

Muthia de repollo

(Empanadillas al vapor)

Para 4 personas

Ingredientes

250 g/9 oz de harina integral

100 g/3½ oz de repollo rallado

½ cucharadita de pasta de jengibre

½ cucharadita de pasta de ajo

Agrega sal al gusto

2 cucharaditas de azúcar

1 cucharada de jugo de limón

2 cucharadas de aceite vegetal refinado

1 cucharadita de semillas de mostaza

1 cucharada de hojas de cilantro, picadas

método

- Mezcle la harina, el repollo, la pasta de jengibre, la pasta de ajo, la sal, el azúcar, el jugo de limón y 1 cucharada de aceite. Amasar la masa flexible.
- Haga 2 rollos largos con la masa. Cocer al vapor durante 15 minutos. Dejar enfriar y cortar en rodajas. Dejar de lado.
- Calienta el aceite restante en una cacerola. Agrega las semillas de mostaza. Déjalos rociar durante 15 segundos.
- Agrega los aros cortados en rodajas y sofríe a fuego medio hasta que estén dorados. Decorar con hojas de cilantro y servir caliente.

Rava Dhokla

(pastel de sémola al vapor)

Hace 15-18

Ingredientes

200 g/7 oz de sémola

240 ml de crema agria

2 cucharaditas de chiles verdes

Agrega sal al gusto

1 cucharadita de chile rojo en polvo

1 cucharadita de pimienta negra molida

método

- Mezclar sémola y crema agria. Fermentar durante 5-6 horas.
- Agrega los pimientos verdes y la sal. Mezclar bien.
- Coloque la mezcla de sémola en un molde para pastel redondo de 20 cm/8 pulgadas. Espolvorea con chile en polvo y pimienta. Cocer al vapor durante 10 minutos.
- Cortar en trozos y servir caliente con chutney de menta.

Chapatti Upma

(Bocado rápido Chapatti)

Para 4 personas

Ingredientes

6 chapattis restantes partidos en trozos pequeños

2 cucharadas de aceite vegetal refinado

¼ de cucharadita de semillas de mostaza

10-12 hojas de curry

1 cebolla mediana, picada

2-3 chiles verdes, finamente picados

¼ de cucharadita de cúrcuma

Jugo de 1 limón

1 cucharadita de azúcar

Agrega sal al gusto

10 g/¼ oz de hojas de cilantro picadas

método

- Calienta el aceite en una olla. Agrega las semillas de mostaza. Déjalos rociar durante 15 segundos.
- Agrega las hojas de curry, la cebolla, el chile y la cúrcuma. Saltee a fuego medio hasta que la cebolla esté dorada. Agrega los chapatis.
- Espolvorea con jugo de limón, azúcar y sal. Mezclar bien y cocinar a fuego medio durante 5 minutos. Decorar con hojas de cilantro y servir caliente.

Mung Dhokla

(pastel de frijol mungo al vapor)

Hace alrededor de 20

Ingredientes

250 g/9 oz de dhal mungo*, remojado durante 2 horas

150 ml de crema agria

2 cucharadas de agua

Agrega sal al gusto

2 zanahorias ralladas o 25 g/menos 1 oz de repollo rallado

método

- Escurrir y moler el dhal.
- Agrega la crema agria y el agua y fermenta durante 6 horas. Agrega sal y mezcla bien para formar una masa.
- Engrase un molde para pastel redondo de 20 cm/8 pulgadas y vierta la masa en él. Espolvorea con zanahorias o repollo. Cocine al vapor durante 7-10 minutos.
- Cortar en trozos y servir con chutney de menta.

Chuleta de carne mogolai

(Rica chuleta de carne)

hace 12

Ingredientes

1 cucharadita de pasta de jengibre

1 cucharadita de pasta de ajo

Agrega sal al gusto

500 g/1 libra 2 oz de cordero deshuesado, picado

240 ml/8 onzas líquidas de agua

1 cucharada de comino molido

¼ de cucharadita de cúrcuma

Aceite vegetal refinado para freír.

2 huevos batidos

50 g/1¾ oz de pan rallado

método

- Mezcle la pasta de jengibre, la pasta de ajo y la sal. Marinar el cordero en esta mezcla durante 2 horas.
- Cuece el cordero en una olla con agua a fuego medio hasta que esté tierno. Reservar el caldo y dejar el cordero a un lado.
- Agrega comino y cúrcuma al caldo. Mezclar bien.
- Transfiera el caldo a la olla y cocine a fuego lento hasta que el agua se evapore. Marinar nuevamente el cordero en esta mezcla durante 30 minutos.
- Calienta el aceite en una olla. Pasar cada trozo de cordero por huevo batido, pasarlo por pan rallado y freír hasta que se dore. Servir caliente.

Masala Vada

(Bola de masa frita picante)

hace 15

Ingredientes

300 g/10 oz de chana dhal*, remojado en 500 ml/16 fl oz de agua durante 3-4 horas

50g/1¾oz de cebolla, finamente picada

25 g/hojas pequeñas de cilantro picadas

25 g/1 oz de hojas pequeñas de eneldo, finamente picadas

½ cucharadita de semillas de comino

Agrega sal al gusto

3 cucharadas de aceite vegetal refinado y extra para freír

método

- Muele el dhal en trozos grandes. Mezclar con todos los ingredientes excepto el aceite.
- Agrega 3 cucharadas de aceite a la mezcla de dhal. Haz hamburguesas redondas y planas.
- Calienta el aceite restante en una sartén. Saltear las hamburguesas. Servir caliente.

Chivda de repollo

(Merienda con col y arroz batido)

Para 4 personas

Ingredientes

100 g/3½ oz de col, finamente picada

Agrega sal al gusto

3 cucharadas de aceite vegetal refinado

125 g/4½ oz de maní

150 g/5½ oz de chana dhal*, horneado

1 cucharadita de semillas de mostaza

Una pizca de asafétida

200g/7oz de pan rallado*, empapado en agua

1 cucharadita de pasta de jengibre

4 cucharaditas de azúcar

1½ cucharadas de jugo de limón

25 g/hojas pequeñas de cilantro picadas

método

- Mezclar el repollo con sal y dejar reposar durante 10 minutos.
- Calienta 1 cucharada de aceite en una sartén. Freír los cacahuetes y el chana dhal durante 2 minutos a fuego medio. Escurrir y reservar.
- Calienta el aceite restante en una sartén. Freír las semillas de mostaza, la asafétida y el repollo durante 2 minutos. Cubrir con un poco de agua, tapar y cocinar a fuego lento durante 5 minutos. Agrega poha, pasta de jengibre, azúcar, jugo de limón y sal. Mezclar bien y cocinar por 10 minutos.
- Adorne con hojas de cilantro, maní frito y dhala. Servir caliente.

Pan Besan Bhajji

(bocadillo de pan y harina de garbanzos)

hace 32

Ingredientes

175g/6oz Besan*

1250 ml/5 onzas líquidas de agua

½ cucharadita de semillas de ajowan

Agrega sal al gusto

Aceite vegetal refinado para freír

8 rebanadas de pan, cortadas por la mitad

método

- Hacer una masa espesa mezclando besan con agua. Agrega las semillas de ajowan y la sal. Golpea bien.
- Calienta el aceite en el sarten. Sumerge los trozos de pan en la masa y fríelos hasta que estén dorados. Servir caliente.

Kebab Methi Seekh

(Brochetas de menta con hojas de fenogreco)

Hace 8-10

Ingredientes

100 g/3½ oz de hojas de fenogreco, picadas

3 patatas grandes, hervidas y trituradas

1 cucharadita de pasta de jengibre

1 cucharadita de pasta de ajo

4 chiles verdes, finamente picados

1 cucharadita de comino molido

1 cucharadita de cilantro molido

½ cucharadita de garam masala

Agrega sal al gusto

2 cucharadas de pan rallado

Aceite vegetal refinado para rociar

método

- Mezclar todos los ingredientes excepto el aceite. Forme hamburguesas.
- Pinche y cocine a la parrilla sobre carbón, rociando con aceite y volteando ocasionalmente. Servir caliente.

Jhinga Hariyali

(gambas verdes)

hace 20

Ingredientes

Agrega sal al gusto

Jugo de 1 limón

20 langostinos, sin cáscara ni venas (guarda la cola)

75 g/2½ oz de hojas de menta, finamente picadas

75 g/2½ oz de hojas de cilantro picadas

1 cucharadita de pasta de jengibre

1 cucharadita de pasta de ajo

Una pizca de garam masala

1 cucharada de aceite vegetal refinado

1 cebolla pequeña, rebanada

método

- Frote las gambas con sal y jugo de limón. Dejar reposar durante 20 minutos.
- Muele juntos 50 g/1¾ oz de hojas de menta, 50 g/1¾ oz de hojas de cilantro, pasta de jengibre, pasta de ajo y garam masala.
- Agrega las gambas y reserva durante 30 minutos. Espolvorea aceite encima.
- Ensartar las gambas y asarlas sobre carbón, dándoles la vuelta de vez en cuando.
- Adorne con el resto de las hojas de cilantro y menta y la cebolla en rodajas. Servir caliente.

Methi Adai

(crepe de fenogreco)

Hace 20-22

Ingredientes

100g/3½oz de arroz

100 g/3½ oz de urad dhal*

100 g/3½ oz de mung dhal*

100 g/3½ oz de chana dhal*

100 g/3½ oz de masur dhal*

Una pizca de asafétida

6-7 hojas de curry

Agrega sal al gusto

50 g/1¾ oz de hojas frescas de fenogreco, picadas

Aceite vegetal refinado para lubricación.

método

- Remoje el arroz y el dhal juntos durante 3 a 4 horas.
- Escurrir el arroz y el dhal y añadir la asafétida, las hojas de curry y la sal. Triturar y dejar fermentar durante 7 horas. Agrega hojas de fenogreco.
- Engrasa la sartén y caliéntala. Agrega una cucharada de la mezcla fermentada y extiéndela en forma de panqueque. Cubre los bordes con aceite y hornea a fuego medio durante 3-4 minutos. Voltee y cocine por otros 2 minutos.
- Repita para el resto de la masa. Servir caliente con ajvar de coco.

Chaat de guisantes

Para 4 personas

Ingredientes

2 cucharaditas de aceite vegetal refinado

½ cucharadita de semillas de comino

300 g/10 oz de guisantes enlatados

½ cucharadita de amchoor*

¼ de cucharadita de cúrcuma

¼ de cucharadita de garam masala

1 cucharadita de jugo de limón

5 cm de raíz de jengibre, pelada y cortada en juliana

método

- Calienta el aceite en una olla. Agrega las semillas de comino y déjalas chisporrotear durante 15 segundos. Agregue los guisantes, el amchoor, la cúrcuma y el garam masala. Mezclar bien y cocinar durante 2-3 minutos, revolviendo ocasionalmente.
- Adorne con jugo de limón y jengibre. Servir caliente.

Shingada

(Delicioso bengalí)

Hace 8-10

Ingredientes

2 cucharadas de aceite vegetal refinado y extra para freír

1 cucharadita de semillas de comino

200 g/7 oz de guisantes cocidos

2 patatas, hervidas y picadas

1 cucharadita de cilantro molido

Agrega sal al gusto

Para pastelería:

350 g/12 oz de harina blanca normal

¼ cucharadita de sal

un poco de agua

método

- Calienta 2 cucharadas de aceite en una olla. Agrega las semillas de comino. Déjalos rociar durante 15 segundos. Agrega los guisantes, las patatas, el cilantro molido y la sal. Mezclar bien y freír a fuego medio durante 5 minutos. Dejar de lado.
- Haga conos de masa con los ingredientes de la masa, como en la receta de samosa de papa. Rellena los conos con la mezcla de verduras y cierra.
- Calienta el aceite restante en una sartén. Freír los conos a fuego medio hasta que estén dorados. Servir caliente con chutney de menta.

Cebolla Bhajia

(buñuelos de cebolla)

hace 20

Ingredientes

250 g/9 oz de besan*

4 cebollas grandes, en rodajas finas

Agrega sal al gusto

½ cucharadita de cúrcuma

150 mililitros de agua

Aceite vegetal refinado para freír.

método

- Mezcla besan, cebolla, sal y cúrcuma. Añade agua y mezcla bien.
- Calienta el aceite en el sarten. Agrega cucharadas de la mezcla y saltea hasta que estén doradas. Escurrir sobre papel absorbente y servir caliente.

Bagani Murgh

(Pollo en pasta de anacardos)

hace 12

Ingredientes

500 g/1 libra 2 oz de pollo deshuesado, cortado en cubitos

1 cebolla pequeña, rebanada

1 tomate, rebanado

1 pepino, rebanado

1 cucharadita de pasta de jengibre

1 cucharadita de pasta de ajo

2 chiles verdes, finamente picados

10 g/¼ oz de hojas de menta, picadas

10 g/¼ oz de hojas de cilantro molidas

Agrega sal al gusto

Para la marinada:

6-7 anacardos, molidos hasta formar una pasta

2 cucharadas de crema única

método

- Mezclar los ingredientes para la marinada. Marina el pollo en esta mezcla durante 4-5 horas.
- Ensartar y asar sobre carbón, volteando ocasionalmente.
- Adorne con cebolla, tomate y pepino. Servir caliente.

Patata Tikki

(Hamburguesas de patata)

hace 12

Ingredientes

4 patatas grandes, hervidas y trituradas

1 cucharadita de pasta de jengibre

1 cucharadita de pasta de ajo

Jugo de 1 limón

1 cebolla grande finamente picada

25 g/hojas pequeñas de cilantro picadas

¼ cucharadita de chile en polvo

Agrega sal al gusto

2 cucharadas de harina de arroz

3 cucharadas de aceite vegetal refinado

método

- Mezcla las patatas con la pasta de jengibre, la pasta de ajo, el jugo de limón, la cebolla, las hojas de cilantro, el chile en polvo y la sal. Amasar bien. Forme hamburguesas.
- Espolvorea las hamburguesas con harina de arroz.
- Calienta el aceite en el sarten. Freír las albóndigas a fuego medio-alto hasta que estén doradas. Escurrir y servir caliente con chutney de menta.

Batata Vada

(empanadillas de patatas fritas)

Hace 12-14

Ingredientes

1 cucharadita de aceite vegetal refinado y extra para freír

½ cucharadita de semillas de mostaza

½ cucharadita de urad dhal*

½ cucharadita de cúrcuma

5 patatas, hervidas y trituradas

Agrega sal al gusto

Jugo de 1 limón

250 g/9 oz de besan*

Una pizca de asafétida

120 ml de agua

método

- Calienta 1 cucharadita de aceite en una sartén. Agregue las semillas de mostaza, el urad dhal y la cúrcuma. Déjalos rociar durante 15 segundos.
- Vierta esto sobre las patatas. Agrega también sal y jugo de limón. Mezclar bien.
- Divida la mezcla de papa en bolitas del tamaño de una nuez. Dejar de lado.
- Mezcle besan, asafétida, sal y agua hasta formar una pasta.
- Calienta el aceite restante en una sartén. Sumerge las bolitas de patata en la masa y fríelas hasta que estén doradas. Escurrir y servir con chutney de menta.

Mini kebab de pollo

hace 8

Ingredientes

350 g/12 oz de pollo picado

125 g/4½ oz de besan*

1 cebolla grande finamente picada

½ cucharadita de pasta de jengibre

½ cucharadita de pasta de ajo

1 cucharadita de jugo de limón

¼ de cucharadita de cardamomo verde en polvo

1 cucharada de hojas de cilantro, picadas

Agrega sal al gusto

1 cucharada de semillas de sésamo

método

- Mezclar todos los ingredientes, excepto las semillas de sésamo.
- Divida la mezcla en bolitas y espolvoree con semillas de sésamo.

- Hornee en el horno a 190ºC (375ºF, marca de gas 5) durante 25 minutos. Sirva caliente con chutney de menta.

Rissol de lentejas

hace 12

Ingredientes

2 cucharadas de aceite vegetal refinado y extra para freír

2 cebollas pequeñas, finamente picadas

2 zanahorias, finamente picadas

600 g/1 libra 5 oz masoor dhal*

500 ml/16 onzas líquidas de agua

2 cucharadas de cilantro molido

Agrega sal al gusto

25 g/hojas pequeñas de cilantro picadas

100 g/3½ oz de pan rallado

2 cucharadas de harina blanca suave

1 huevo batido

método

- Calienta 1 cucharada de aceite en una sartén. Agrega la cebolla y la zanahoria y sofríe a fuego medio durante 2-3 minutos, revolviendo frecuentemente. Agregue masoor dhal, agua, cilantro molido y sal. Cocine durante 30 minutos mientras revuelve.
- Agrega las hojas de cilantro y la mitad del pan rallado. Mezclar bien.
- Dar forma a las salchichas y espolvorear con harina. Pasar los buñuelos por el huevo batido y pasarlos por el resto del pan rallado. Dejar de lado.
- Calienta el aceite restante. Cocine el asado poco profundo hasta que esté dorado, volteándolo una vez. Servir caliente con ajvar de coco verde.

Poha nutritiva

Para 4 personas

Ingredientes

1 cucharada de aceite vegetal refinado

125 g/4½ oz de maní

1 cebolla finamente picada

¼ de cucharadita de cúrcuma

Agrega sal al gusto

1 papa, hervida y picada

200g/7oz de pan rallado*, remojado durante 5 minutos y escurrido

1 cucharadita de jugo de limón

1 cucharada de hojas de cilantro, picadas

método

- Calienta el aceite en una olla. Freír los cacahuetes, la cebolla, la cúrcuma y la sal a fuego medio durante 2-3 minutos.
- Agrega las patatas y el poha. Freír a fuego lento hasta que quede uniforme.
- Adorne con jugo de limón y hojas de cilantro. Servir caliente.

frijoles usados

(Frijoles en salsa picante)

Para 4 personas

Ingredientes

300 g/10 oz de dhal masoor*, remojado en agua caliente durante 20 minutos

¼ de cucharadita de cúrcuma

Agrega sal al gusto

50 g/1¾ oz de frijoles, finamente picados

240 ml/8 onzas líquidas de agua

1 cucharada de aceite vegetal refinado

¼ de cucharadita de semillas de mostaza

Unas hojas de curry

Agrega sal al gusto

método

- Mezclar el dhal, la cúrcuma y la sal. Moler hasta obtener una pasta gruesa.
- Cocine al vapor durante 20-25 minutos. Dejar enfriar durante 20 minutos. Desmenuza la mezcla con los dedos. Dejar de lado.
- Cuece las judías verdes con agua y un poco de sal en una cacerola a fuego medio hasta que estén blandas. Dejar de lado.
- Calienta el aceite en una olla. Agrega las semillas de mostaza. Déjalos rociar durante 15 segundos. Agregue las hojas de curry y el dhal desmenuzado.
- Sofría durante unos 3-4 minutos a fuego medio hasta que se ablanden. Agrega los frijoles cocidos y mezcla bien. Servir caliente.

Pakoda de pan con chutney

Para 4 personas

Ingredientes

250 g/9 oz de besan*

150 mililitros de agua

½ cucharadita de semillas de ajowan

125 g/4½ oz de ajvar de menta

12 rebanadas de pan

Aceite vegetal refinado para freír

método

- Mezcle besan con agua para obtener una consistencia de masa para panqueques. Agrega las semillas de ajowan y mezcla suavemente. Dejar de lado.
- Unte el chutney de menta sobre una rebanada de pan y coloque otra encima. Repita para todas las rebanadas de pan. Córtelos en diagonal por la mitad.
- Calienta el aceite en el sarten. Sumerge los sándwiches en la masa y fríelos a fuego medio hasta que estén dorados. Sirva caliente con salsa de tomate.

Delicia de Methi Khakra

(bocadillo de fenogreco)

hace 16

Ingredientes

50 g/1¾ oz de hojas frescas de fenogreco, finamente picadas

300 g/10 oz de harina integral

1 cucharadita de chile en polvo

¼ de cucharadita de cúrcuma

½ cucharadita de cilantro molido

1 cucharada de aceite vegetal refinado

Agrega sal al gusto

120 ml de agua

método

- Mezclar todos los ingredientes. Amasar una masa suave pero firme.
- Divide la masa en 16 bolitas del tamaño de un limón. Enrollar en discos muy finos.
- Calienta una sartén plana. Coloque los discos en una bandeja plana y hornee hasta que estén dorados. Repite por el otro lado. Conservar en un recipiente herméticamente cerrado.

chuleta verde

hace 12

Ingredientes

200 g/7 oz de espinacas, finamente picadas

4 patatas, hervidas y trituradas

200 g/7 oz de dhal mungo*, hervido y hecho puré

25 g/hojas pequeñas de cilantro picadas

2 chiles verdes, finamente picados

1 cucharadita de garam masala

1 cebolla grande finamente picada

Agrega sal al gusto

1 cucharadita de pasta de ajo

1 cucharadita de pasta de jengibre

Aceite vegetal refinado para freír.

250 g/9 oz de pan rallado

método

- Mezclar las espinacas y las patatas. Agregue mung dhal, hojas de cilantro, chiles verdes, garam masala, cebolla, sal, pasta de ajo y pasta de jengibre. Amasar bien.
- Divida la mezcla en trozos del tamaño de nueces y forme chuletas con cada uno.
- Calienta el aceite en el sarten. Enrolle las chuletas en pan rallado y fríalas hasta que estén doradas. Servir caliente.

mano

(Torta de sémola salada)

Para 4 personas

Ingredientes

100g/3½oz de sémola

125 g/4½ oz de besan*

200 g/7 oz de yogur

25 g/1 oz de calabacín rallado

1 zanahoria rallada

25 g/guisantes verdes pequeños de 1 oz

½ cucharadita de cúrcuma

½ cucharadita de chile en polvo

½ cucharadita de pasta de jengibre

½ cucharadita de pasta de ajo

1 chile verde, finamente picado

Agrega sal al gusto

Una pizca de asafétida

½ cucharadita de bicarbonato de sodio

4 cucharadas de aceite vegetal refinado

¾ cucharadita de semillas de mostaza

½ cucharadita de semillas de sésamo

método

- Mezclar la sémola, el besan y el yogur en una cacerola. Agrega la calabaza rallada, la zanahoria y los guisantes.
- Agregue cúrcuma, chile en polvo, pasta de jengibre, pasta de ajo, chile verde, sal y asafétida para hacer una pasta. Debe tener la consistencia de la masa de un bizcocho. Si no, añade unas cucharadas de agua.
- Agrega bicarbonato de sodio y mezcla bien. Dejar de lado.
- Calienta el aceite en una olla. Agrega la mostaza y las semillas de sésamo. Déjalos rociar durante 15 segundos.
- Vierta la masa en la cacerola. Cubra con una tapa y cocine a fuego lento durante 10-12 minutos.
- Desplegar y voltear con cuidado la masa ya endurecida con una espátula. Tapar nuevamente y cocinar a fuego lento por otros 15 minutos.
- Pincha con un tenedor para comprobar que está hecho. Si se cocina, al tenedor saldrá limpio. Servir caliente.

Ghugra

(Medias lunas con centros de vegetales salados)

Para 4 personas

Ingredientes

5 cucharadas de aceite vegetal refinado y extra para freír

Una pizca de asafétida

400 g/14 oz de guisantes enlatados, molidos

250 ml/8 onzas líquidas de agua

Agrega sal al gusto

5 cm de raíz de jengibre finamente picada

2 cucharaditas de jugo de limón

1 cucharada de hojas de cilantro, picadas

350 g/12 oz de harina integral

método

- Calienta 2 cucharadas de aceite en una olla. Agrega asafétida. Cuando chisporrotee añadir los guisantes y 120 ml de agua. Cocine a fuego medio durante 3 minutos.

- Agrega sal, jengibre y jugo de limón. Mezclar bien y cocinar por otros 5 minutos. Espolvorea hojas de cilantro encima y reserva.

- Mezclar la harina con la sal, el agua restante y 3 cucharadas de aceite. Dividir en bolitas y formar discos redondos de 10 cm/4 pulgadas.

- Coloca un poco de la mezcla de guisantes en cada disco de manera que la mitad del disco quede cubierta con la mezcla. Dobla la otra mitad para formar una "D". Cerrar juntando los bordes.

- Calienta el aceite. Freír las ghugra a fuego medio hasta que se doren. Servir caliente.

kebab de plátano

hace 20

Ingredientes

6 plátanos verdes

1 cucharadita de pasta de jengibre

250 g/9 oz de besan*

25 g/hojas pequeñas de cilantro picadas

½ cucharadita de chile en polvo

1 cucharadita de amchoor*

Jugo de 1 limón

Agrega sal al gusto

240 ml/8 fl oz de aceite vegetal refinado para freír poco profundo

método

- Hervir los plátanos con piel durante 10 a 15 minutos. Escurrir y pelar.

- Mezclar con el resto de los ingredientes, excepto el aceite. Forme hamburguesas.

- Calienta el aceite en el sarten. Freír las albóndigas hasta que estén doradas. Servir caliente.

masala de gambas

Para 4 personas

Ingredientes

4 cucharadas de aceite vegetal refinado

3 cebollas, 1 en rodajas y 2 picadas

2 cucharaditas de semillas de cilantro

3 dientes

2,5 cm/1 pulgada de canela

5 granos de pimienta

100 g/3½ oz de coco fresco rallado

6 chiles rojos secos

500g/1lb 2oz de langostinos, pelados y desvenados

½ cucharadita de cúrcuma

250 ml/8 onzas líquidas de agua

2 cucharaditas de pasta de tamarindo

Agrega sal al gusto

método

- Calienta 1 cucharada de aceite en una olla. Fríe la cebolla en rodajas, las semillas de cilantro, el clavo, la canela, los granos de pimienta, el coco y el chile rojo durante 2-3 minutos a fuego medio. Moler hasta obtener una pasta suave. Dejar de lado.
- Calienta el aceite restante en una cacerola. Agrega la cebolla picada y sofríe a fuego medio hasta que esté dorada. Añade las gambas, la cúrcuma y el agua. Mezclar bien y cocinar a fuego lento durante 5 minutos.
- Agrega la pasta molida, la pasta de tamarindo y la sal. Sofría durante 15 minutos. Servir caliente.

pescado con ajo

Para 4 personas

Ingredientes

500 g/1 libra 2 oz de pez espada, pelado y fileteado

Agrega sal al gusto

1 cucharadita de cúrcuma

1 cucharada de aceite vegetal refinado

2 cebollas grandes finamente ralladas

2 cucharaditas de pasta de ajo

½ cucharadita de pasta de jengibre

1 cucharadita de cilantro molido

125 g/4½ oz de puré de tomate

método

- Marina el pescado en sal y cúrcuma durante 30 minutos.
- Calienta el aceite en una olla. Agrega la cebolla, la pasta de ajo, la pasta de jengibre y el cilantro molido. Freír a fuego medio durante 2 minutos.
- Agrega el puré de tomate y el pescado. Cocine a fuego lento durante 15-20 minutos. Servir caliente.

arroz con patatas

Para 4 personas

Ingredientes

150 g/5½ oz de ghee más freidora

1 cebolla grande

2,5 cm/1 pulgada de raíz de jengibre

6 dientes de ajo

125 g/4½ oz de yogur batido

4 cucharadas de leche

2 vainas de cardamomo verde

2 dientes

1 cm/½ en canela

250 g/9 oz de arroz basmati, remojado durante 30 minutos y escurrido

Agrega sal al gusto

1 litro/1¾ litro de agua

15 anacardos, fritos

Para albóndigas:

3 patatas grandes, hervidas y trituradas

125 g/4½ oz de besan*

½ cucharadita de chile en polvo

½ cucharadita de cúrcuma

1 cucharadita de garam masala en polvo

1 cebolla grande, rallada

método

- Mezclar todos los ingredientes para las albóndigas. Divida la mezcla en bolitas.
- Caliente el ghee para freír en una sartén. Agrega las albóndigas y sofríe a fuego medio hasta que estén doradas. Escurrirlas y reservar.
- Muele la cebolla, el jengibre y el ajo hasta formar una pasta.
- Calienta 60 g/2 oz de ghee en una cacerola. Agrega la pasta y sofríe a fuego medio hasta que quede traslúcida.
- Agrega el yogur, la leche y las albóndigas de patata. Cocine la mezcla durante 10-12 minutos. Dejar de lado.
- Calienta el ghee restante en otra sartén. Agrega cardamomo, clavo, canela, arroz, sal y agua. Cubra con una tapa y cocine a fuego lento durante 15-20 minutos.
- Disponer la mezcla de arroz y patatas en capas alternas en una fuente refractaria. Terminar con una capa de arroz. Adorne con anacardos.
- Hornea el arroz con patatas en el horno a 200°C (400°F, marca de gas 6) durante 7-8 minutos. Servir caliente.

Pulao vegetal

Para 4 personas

Ingredientes

5 cucharadas de aceite vegetal refinado

2 dientes

2 vainas de cardamomo verde

4 granos de pimienta negra

2,5 cm/1 pulgada de canela

1 cebolla grande finamente picada

1 cucharadita de pasta de jengibre

1 cucharadita de pasta de ajo

2 chiles verdes, finamente picados

1 cucharadita de garam masala

150g/5½oz de verduras mixtas (frijoles, patatas, zanahorias, etc.)

500 g/1 lb 2 oz de arroz de grano largo, remojado durante 30 minutos y escurrido

Agrega sal al gusto

600 ml/1 litro de agua caliente

método

- Calienta el aceite en una olla. Agregue clavo, cardamomo, granos de pimienta y canela. Déjalos rociar durante 15 segundos.
- Agrega la cebolla y sofríe a fuego medio durante 2-3 minutos, revolviendo de vez en cuando.
- Agregue la pasta de jengibre, la pasta de ajo, los chiles verdes y el garam masala. Mezclar bien. Freír esta mezcla por un minuto.
- Agrega las verduras y el arroz. Sofreír el pulao a fuego medio durante 4 minutos.
- Agrega sal y agua. Mezclar bien. Cocine por un minuto a fuego medio.
- Cubra con una tapa y cocine a fuego lento durante 10-12 minutos. Servir caliente.

Kachche Gosht ki Biryani

(Cordero Biryani)

Para 4-6 personas

Ingredientes

1 kg/2¼ lb de cordero, cortado en trozos de 5 cm/2 pulgadas

1 litro/1¾ litro de agua

Agrega sal al gusto

6 dientes

5 cm/2 en canela

5 vainas de cardamomo verde

4 hojas de laurel

6 granos de pimienta negra

750 g/1 lb 10 oz de arroz basmati, remojado durante 30 minutos y escurrido

150 g/5½ oz de ghee

Una pizca de azafrán disuelta en 1 cucharada de leche

5 cebollas grandes, cortadas en rodajas y fritas

Para la marinada:

200 g/7 oz de yogur

1 cucharadita de cúrcuma

1 cucharadita de chile en polvo

1 cucharadita de pasta de jengibre

1 cucharadita de pasta de ajo

1 cucharadita de sal

25 g/hojas pequeñas de cilantro, finamente picadas

25 g/hojas pequeñas de menta, finamente picadas

método

- Mezclar todos los ingredientes para la marinada y marinar los trozos de cordero en esta mezcla durante 4 horas.
- En una olla mezcla agua con sal, clavo, canela, cardamomo, laurel y granos de pimienta. Cocine a fuego medio durante 5-6 minutos.
- Agrega el arroz escurrido. Cocine durante 5-7 minutos. Escurre el exceso de agua y reserva el arroz.
- Vierta el ghee en una fuente grande refractaria y coloque encima la carne marinada. Coloca el arroz en una capa sobre la carne.
- Espolvorea leche de azafrán y un poco de ghee sobre la capa superior.
- Cierra la sartén con papel de aluminio y cúbrela con una tapa.

- Cocine a fuego lento durante 40 minutos.
- Retirar del fuego y dejar reposar otros 30 minutos.
- Adorne el biryani con cebolla. Servir a temperatura ambiente.

Achari Gosht ki Biryani

(Biryani de cordero en escabeche)

Para 4-6 personas

Ingredientes

4 cebollas medianas, finamente picadas

400 g/14 oz de yogur

2 cucharaditas de pasta de jengibre

2 cucharaditas de pasta de ajo

1 kg/2¼ lb de cordero, cortado en trozos de 5 cm/2 pulgadas

2 cucharaditas de semillas de comino

2 cucharaditas de semillas de fenogreco

1 cucharadita de semillas de cebolla

2 cucharaditas de semillas de mostaza

10 chiles verdes

6½ cucharadas de ghee

50 g/1¾ oz de hojas de menta, finamente picadas

100 g/3½ oz de hojas de cilantro, finamente picadas

2 tomates, en cuartos

750 g/1 lb 10 oz de arroz basmati, remojado durante 30 minutos y escurrido

Agrega sal al gusto

3 dientes

2 hojas de laurel

5 cm/2 en canela

4 granos de pimienta negra

Una pizca grande de azafrán, disuelta en 1 cucharada de leche

método

- Mezcla la cebolla, el yogur, el jengibre y la pasta de ajo. Marina el cordero en esta mezcla durante 30 minutos.
- Freír en seco el comino, el fenogreco, la cebolla y las semillas de mostaza. Batirlos hasta obtener una mezcla gruesa.
- Corta los pimientos verdes en fideos y rellénalos con la mezcla batida. Dejar de lado.
- Calienta 6 cucharadas de ghee en una olla. Agrega el cordero. Sofreír el cordero a fuego medio durante 20 minutos. Asegúrese de que todos los lados del cordero estén dorados uniformemente.
- Agrega los pimientos verdes rellenos. Continúe cocinando por otros 10 minutos.
- Agrega las hojas de menta, las hojas de cilantro y los tomates. Mezclar bien durante 5 minutos. Dejar de lado.
- Mezclar el arroz con sal, clavo, laurel, canela y pimienta en grano. Hervir la mezcla. Dejar de lado.
- Vierta el ghee restante en una fuente refractaria.

- Ponga los trozos de cordero fritos sobre el ghee. Extienda el arroz cocido en una capa sobre el cordero.
- Vierte la leche de azafrán encima del arroz.
- Cierre el recipiente con papel de aluminio y cúbralo con una tapa. Hornea el biryani en un horno precalentado a 200 °C (400 °F, marca de gas 6) durante 8 a 10 minutos.
- Servir caliente.

rollo nutritivo

Hace 8-10

Ingredientes

200 g/7 oz de espinacas, finamente picadas

1 zanahoria, finamente picada

125 g/4½ oz de guisantes congelados

50 g/1¾ oz de frijoles mungo germinados

3-4 patatas grandes hervidas y en puré

2 cebollas grandes finamente picadas

½ cucharadita de pasta de jengibre

½ cucharadita de pasta de ajo

1 chile verde, finamente picado

½ cucharadita de amchoor*

Agrega sal al gusto

½ cucharadita de chile en polvo

3 cucharadas de hojas de cilantro, finamente picadas

Aceite vegetal refinado para freír

8-10 chapati

2 cucharadas de ajvar de mango dulce y picante

método

- Cocine las espinacas, las zanahorias, los guisantes y los frijoles mungo juntos.
- Mezcle las verduras al vapor con patatas, cebollas, pasta de jengibre, pasta de ajo, chiles verdes, amchoor, sal, chile en polvo y hojas de cilantro. Mezclar bien para obtener una mezcla suave.
- Dale forma de hamburguesas pequeñas a la mezcla.
- Calienta el aceite en una olla. Freír las chuletas a fuego medio-alto hasta que estén doradas. Escurrir y reservar.
- Unte un poco de chutney de mango dulce y picante sobre el chapatti. Pon una chuleta en el medio y enrolla el chapatti.
- Repita para todos los chapattis. Servir caliente.

Sabudana Palak Doodhi Uttapam

(Tortita de sagú, espinacas y calabaza)

hace 20

Ingredientes

1 cucharadita de toor dhal*

1 cucharadita de mungo dal*

1 cucharadita de frijoles urad*

1 cucharadita de masoor dhal*

3 cucharaditas de arroz

100 g/3½ oz de sagú, molido grueso

50 g/1¾ oz de espinacas, cocidas al vapor y picadas

¼ botella de calabaza*, rallado

125 g/4½ oz de besan*

½ cucharadita de comino molido

1 cucharadita de hojas de menta, finamente picadas

1 chile verde, finamente picado

½ cucharadita de pasta de jengibre

Agrega sal al gusto

100 ml/3½ onzas líquidas de agua

Aceite vegetal refinado para freír.

método

- Muela juntos toor dhal, mung dhal, frijoles urad, masoor dhal y arroz. Dejar de lado.
- Remoja el sagú durante 3-5 minutos. Escurrir por completo.
- Mezclar con dhal molido y la mezcla de arroz.
- Agrega las espinacas, la calabaza, el besan, el comino molido, las hojas de menta, los chiles verdes, la pasta de jengibre, la sal y suficiente agua para hacer una masa espesa. Dejar reposar durante 30 minutos.
- Engrasa la sartén y caliéntala. Vierta 1 cucharada de masa en la sartén y extiéndala con el dorso de una cuchara.
- Tape y cocine a fuego medio hasta que la parte inferior esté de color marrón claro. Gira y repite.
- Repita con la masa restante. Servir caliente con salsa de tomate o ajvar de coco verde.

Poha

Para 4 personas

Ingredientes

150 g/5½ oz de pan rallado*

1½ cucharadas de aceite vegetal refinado

½ cucharadita de semillas de comino

½ cucharadita de semillas de mostaza

1 papa grande, finamente picada

2 cebollas grandes, finamente cortadas

5-6 chiles verdes, finamente picados

8 hojas de curry, picadas en trozos grandes

¼ de cucharadita de cúrcuma

45 g/1½ oz de maní tostado (opcional)

25 g/1 oz pequeño de coco fresco, rallado o raspado

10 g/¼ oz de hojas de cilantro, finamente picadas

1 cucharadita de jugo de limón

Agrega sal al gusto

método

- Lava bien la poha. Escurre el agua por completo y pon la poha en un colador durante 15 minutos.
- Afloje suavemente los grumos de harina con los dedos. Dejar de lado.
- Calienta el aceite en una olla. Agrega el comino y las semillas de mostaza. Déjalos rociar durante 15 segundos.
- Agrega las patatas picadas. Sofreír a fuego medio durante 2-3 minutos. Agrega la cebolla, los chiles verdes, las hojas de curry y la cúrcuma. Cocine hasta que la cebolla se vuelva transparente. Alejar del calor.
- Agrega poha, maní frito y la mitad del coco rallado y las hojas de cilantro. Revuelva para mezclar bien.
- Espolvorea con jugo de limón y sal. Cocine a fuego lento durante 4-5 minutos.
- Adorne con el resto del coco y las hojas de cilantro. Servir caliente.

chuleta de verduras

Hace 10-12

Ingredientes

2 cebollas finamente picadas

5 dientes de ajo

¼ de cucharadita de semillas de hinojo

2-3 chiles verdes

10 g/¼ oz de hojas de cilantro, finamente picadas

2 zanahorias grandes, finamente picadas

1 papa grande, finamente picada

1 remolacha pequeña, finamente picada

50 g/1¾ oz de frijoles, finamente picados

50 g/1¾ oz de guisantes verdes

900 ml/1½ litros de agua

Agrega sal al gusto

¼ de cucharadita de cúrcuma

2-3 cucharadas de besan*

1 cucharada de aceite vegetal refinado y extra para freír

50 g/1¾ oz de pan rallado

método

- Muele 1 cebolla, ajo, semillas de hinojo, chiles verdes y hojas de cilantro hasta obtener una pasta suave. Dejar de lado.
- Mezcle las zanahorias, las patatas, las remolachas, las judías verdes y los guisantes en una olla. Agrega 500 ml/16 fl oz de agua, sal y cúrcuma y cocina a fuego medio hasta que las verduras estén tiernas.
- Triture bien las verduras y reserve.
- Mezclar el besan y el agua restante para hacer una masa suave. Dejar de lado.
- Calienta 1 cucharada de aceite en una olla. Agrega la cebolla restante y sofríe hasta que esté transparente.
- Agrega la pasta de cebolla y ajo y sofríe por un minuto a fuego medio, revolviendo constantemente.
- Agrega el puré de verduras y mezcla bien.
- Retire del fuego y deje enfriar.
- Divida esta mezcla en 10-12 bolas. Aplana entre las palmas para hacer hamburguesas.
- Sumergir las albóndigas en la masa y pasarlas por el pan rallado.
- Calienta el aceite en el sarten. Freír las albóndigas hasta que estén doradas por ambos lados.
- Sirva caliente con salsa de tomate.

Uppit de soja

(bocadillo de soja)

Para 4 personas

Ingredientes

1½ cucharadas de aceite vegetal refinado

½ cucharadita de semillas de mostaza

2 chiles verdes, finamente picados

2 chiles rojos, finamente picados

Una pizca de asafétida

1 cebolla grande finamente picada

2,5 cm/1 pulgada de raíz de jengibre, cortada en juliana

10 dientes de ajo, finamente picados

6 hojas de curry

100 g/3½ oz de sémola de soja*, asado seco

100 g/3½ oz de sémola tostada en seco

200 g/7 oz de guisantes

500ml de agua caliente

¼ de cucharadita de cúrcuma

1 cucharadita de azúcar

1 cucharadita de sal

1 tomate grande, finamente picado

2 cucharadas de hojas de cilantro, finamente picadas

15 pasas

10 anacardos

método

- Calienta el aceite en una olla. Agrega las semillas de mostaza. Déjalos rociar durante 15 segundos.
- Agrega los chiles verdes, los chiles rojos, la asafétida, la cebolla, el jengibre, el ajo y las hojas de curry. Freír a fuego medio durante 3-4 minutos, revolviendo frecuentemente.
- Agregue sémola de soja, sémola y guisantes. Cocine hasta que ambos tipos de sémola estén dorados.
- Agrega agua caliente, cúrcuma, azúcar y sal. Cocina a fuego medio hasta que el agua se evapore.
- Adorne con tomates, hojas de cilantro, pasas y anacardos.
- Servir caliente.

Upma

(Plato de desayuno elaborado con sémola)

Para 4 personas

Ingredientes

1 cucharada de ghee

150g/5½oz de sémola

1 cucharada de aceite vegetal refinado

¼ de cucharadita de semillas de mostaza

1 cucharadita de urad dhal*

3 chiles verdes, cortados a lo largo

8-10 hojas de curry

1 cebolla mediana, finamente picada

1 tomate mediano, finamente picado

750 ml/1¼ litros de agua

1 cucharada llena de azúcar

Agrega sal al gusto

50 g/1¾ oz de guisantes enlatados (opcional)

25 g/hojas pequeñas de cilantro, finamente picadas

método

- Calienta el ghee en una sartén. Agrega la sémola y sofríe, revolviendo frecuentemente, hasta que la sémola esté dorada. Dejar de lado.
- Calienta el aceite en una olla. Agregue las semillas de mostaza, el urad dhal, los chiles verdes y las hojas de curry. Freír hasta que el urad dhal se dore.
- Agrega la cebolla y sofríe a fuego lento hasta que esté transparente. Añade el tomate y sofríe otros 3-4 minutos.
- Añade agua y mezcla bien. Cocina a fuego medio hasta que la mezcla comience a hervir. Mezclar bien.
- Agrega el azúcar, la sal, la sémola y los guisantes. Mezclar bien.
- Cocine a fuego lento, revolviendo constantemente, durante 2-3 minutos.
- Adorne con hojas de cilantro. Servir caliente.

Fideos Upma

(albóndigas con cebolla)

Para 4 personas

Ingredientes

3 cucharadas de aceite vegetal refinado

1 cucharadita de mungo dal*

1 cucharadita de urad dhal*

¼ de cucharadita de semillas de mostaza

8 hojas de curry

10 maní

10 anacardos

1 papa mediana, finamente picada

1 zanahoria grande, finamente picada

2 chiles verdes, finamente picados

1 cm/½ raíz de jengibre finamente picada

1 cebolla grande finamente picada

1 tomate, finamente picado

50 g/1¾ oz de guisantes congelados

Agrega sal al gusto

1 litro/1¾ litro de agua

200 g/7 oz de fideos

2 cucharadas de ghee

método

- Calienta el aceite en una olla. Agregue mung dhal, urad dhal, semillas de mostaza y hojas de curry. Déjalos rociar durante 30 segundos.
- Agrega maní y anacardos. Freír a fuego medio hasta que estén doradas.
- Agrega las patatas y las zanahorias. Freír durante 4-5 minutos.
- Agrega el chile, el jengibre, la cebolla, el tomate, los guisantes y la sal. Cocine a fuego medio, revolviendo frecuentemente, hasta que las verduras estén tiernas.
- Agrega agua y deja que hierva. Mezclar bien.
- Agrega los fideos, revolviendo constantemente para evitar que se formen grumos.
- Cubra con una tapa y cocine a fuego lento durante 5-6 minutos.
- Agregue ghee y mezcle bien. Servir caliente.

Vínculo

(filete de patata)

hace 10

Ingredientes

5 cucharadas de aceite vegetal refinado y extra para freír

½ cucharadita de semillas de mostaza

2,5 mm/1 pulgada de raíz de jengibre, finamente picada

2 chiles verdes, finamente picados

50 g/1¾ oz de hojas de cilantro, finamente picadas

1 cebolla grande finamente picada

4 patatas medianas, hervidas y trituradas

1 zanahoria grande, finamente picada y cocida

125 g/4½ oz de guisantes enlatados

Una pizca de cúrcuma

Agrega sal al gusto

1 cucharadita de jugo de limón

250 g/9 oz de besan*

200ml de agua

½ cucharadita de polvo para hornear

método

- Calienta 4 cucharadas de aceite en una olla. Agrega las semillas de mostaza, el jengibre, los chiles verdes, las hojas de cilantro y la cebolla. Freír a fuego medio, revolviendo ocasionalmente, hasta que la cebolla se dore.
- Agrega las patatas, las zanahorias, los guisantes, la cúrcuma y la sal. Cocine a fuego lento durante 5-6 minutos, revolviendo ocasionalmente.
- Espolvorea con jugo de limón y divide la mezcla en 10 bolas. Dejar de lado.
- Mezcle besan, agua y levadura en polvo con 1 cucharada de aceite para hacer una masa.
- Calienta el aceite en una olla. Sumerge cada bola de papa en la masa y fríe a fuego medio hasta que estén doradas.
- Servir caliente.

Dhokla instantáneo

(Pastel instantáneo salado al vapor)

Hace 15-20

Ingredientes

250 g/9 oz de besan*

1 cucharadita de sal

2 cucharadas de azúcar

2 cucharadas de aceite vegetal refinado

½ cucharada de jugo de limón

240 ml/8 onzas líquidas de agua

1 cucharada de polvo para hornear

1 cucharadita de semillas de mostaza

2 chiles verdes, cortados a lo largo

Unas hojas de curry

1 cucharada de agua

2 cucharadas de hojas de cilantro, finamente picadas

1 cucharada de coco fresco, rallado

método

- Mezcle besan, sal, azúcar, 1 cucharada de aceite, jugo de limón y agua hasta obtener una masa suave.
- Engrase un molde para pastel redondo de 20 cm/8 pulgadas.
- Agrega polvo de hornear a la masa. Mezclar bien y verter inmediatamente en un molde engrasado. Cocer al vapor durante 20 minutos.
- Pincha con un tenedor para comprobar que está hecho. Si al tenedor no sale limpio, vuelva a cocinar al vapor durante 5 a 10 minutos. Dejar de lado.
- Calienta el aceite restante en una cacerola. Agrega las semillas de mostaza. Déjalos rociar durante 15 segundos.
- Agrega los chiles verdes, las hojas de curry y el agua. Cocine a fuego lento durante 2 minutos.
- Vierte esta mezcla sobre el dhokla y deja que absorba el líquido.
- Adorne con hojas de cilantro y coco rallado.
- Cortar en cuadritos y servir con chutney de menta.

Dhal Maharani

(Lentejas negras y frijoles)

Para 4 personas

Ingredientes

150 g/5½ oz de urad dhal*

2 cucharadas de frijoles

1,4 litros/2½ litros de agua

Agrega sal al gusto

1 cucharada de aceite vegetal refinado

½ cucharadita de semillas de comino

1 cebolla grande finamente picada

3 tomates medianos, picados

1 cucharadita de pasta de jengibre

½ cucharadita de pasta de ajo

½ cucharadita de chile en polvo

½ cucharadita de garam masala

120 ml/4 fl oz de crema fresca de un solo uso

método

- Remoje el urad dhal y los frijoles durante la noche. Escurrir y cocinar juntos en una olla con agua y sal durante 1 hora a fuego medio. Dejar de lado.
- Calienta el aceite en una olla. Agrega las semillas de comino. Déjalos rociar durante 15 segundos.
- Agrega la cebolla y sofríe a fuego medio hasta que esté dorada.
- Agrega los tomates. Mezclar bien. Agrega la pasta de jengibre y la pasta de ajo. Freír durante 5 minutos.
- Agregue la mezcla de dhal y frijoles cocidos, el chile en polvo y el garam masala. Mezclar bien.
- Agrega la crema. Cocine por 5 minutos, revolviendo frecuentemente.
- Sirva caliente con naan o arroz al vapor.

Milag Kuzhamb

(Dividir Red Gram en salsa de pimienta)

Para 4 personas

Ingredientes

2 cucharaditas de ghee

2 cucharaditas de semillas de cilantro

1 cucharada de pasta de tamarindo

1 cucharadita de pimienta negra molida

¼ de cucharadita de asafétida

Agrega sal al gusto

1 cucharada de toor dhal*, cocido

1 litro/1¾ litro de agua

¼ de cucharadita de semillas de mostaza

1 chile verde, picado

¼ de cucharadita de cúrcuma

10 hojas de curry

método

- Calienta unas gotas de ghee en una olla. Agrega las semillas de cilantro y sofríe a fuego medio durante 2 minutos. Dejar enfriar y triturar.
- Mezclar con pasta de tamarindo, pimienta, asafétida, sal y dhala en una olla grande.
- Agrega agua. Mezclar bien y llevar a ebullición a fuego medio. Dejar de lado.
- Calienta el ghee restante en una cacerola. Agrega las semillas de mostaza, los chiles verdes, la cúrcuma y las hojas de curry. Déjalos rociar durante 15 segundos.
- Agrega esto al dhal. Servir caliente.

Dhal Hariyali

(verdura de hoja con gramo de bengala partido)

Para 4 personas

Ingredientes

300 g/10 oz de toor dhal*

1,4 litros/2½ litros de agua

Agrega sal al gusto

2 cucharadas de ghee

1 cucharadita de semillas de comino

1 cebolla finamente picada

½ cucharadita de pasta de jengibre

½ cucharadita de pasta de ajo

½ cucharadita de cúrcuma

50 g/1¾ oz de espinacas picadas

10 g/¼ oz de hojas de fenogreco, finamente picadas

25 g/mínimo 1 oz de hojas de cilantro

método

- Cocine el dhal con agua y sal en una olla durante 45 minutos, revolviendo con frecuencia. Dejar de lado.
- Calienta el ghee en una olla. Agrega las semillas de comino, la cebolla, la pasta de jengibre, la pasta de ajo y la cúrcuma. Freír durante 2 minutos a fuego lento, revolviendo constantemente.
- Agrega las espinacas, las hojas de fenogreco y las hojas de cilantro. Mezclar bien y cocinar a fuego lento durante 5-7 minutos.
- Servir caliente con arroz cocido.

Dhalcha

(gramo de bengala con cordero)

Para 4 personas

Ingredientes

150 g/5½ oz de chana dhal*

150 g/5½ oz de toor dhal*

2,8 litros/5 pintas de agua

Agrega sal al gusto

2 cucharadas de pasta de tamarindo

2 cucharadas de aceite vegetal refinado

4 cebollas grandes, picadas

5 cm de raíz de jengibre rallada

10 dientes de ajo, machacados

750 g/1 libra 10 oz de cordero, picado

1,4 litros/2½ litros de agua

3-4 tomates, picados

1 cucharadita de chile en polvo

1 cucharadita de cúrcuma

1 cucharadita de garam masala

20 hojas de curry

25 g/hojas pequeñas de cilantro, finamente picadas

método

- Cocine el dhala con agua y sal durante 1 hora a fuego medio. Agregue la pasta de tamarindo y triture bien. Dejar de lado.
- Calienta el aceite en una olla. Agrega la cebolla, el jengibre y el ajo. Freír a fuego medio hasta que estén doradas. Agrega el cordero y revuelve constantemente hasta que se dore.
- Añade agua y cocina a fuego lento hasta que el cordero esté tierno.
- Agrega los tomates, el chile en polvo, la cúrcuma y la sal. Mezclar bien. Cocine por otros 7 minutos.
- Agrega dhal, garam masala y hojas de curry. Mezclar bien. Cocine a fuego lento durante 4-5 minutos.
- Adorne con hojas de cilantro. Servir caliente.

Tarkari Dhalcha

(gramo de bengala con verduras)

Para 4 personas

Ingredientes

150 g/5½ oz de chana dhal*

150 g/5½ oz de toor dhal*

Agrega sal al gusto

3 litros/5¼ litros de agua

10 g/¼ oz de hojas de menta

10 g/¼ oz de hojas de cilantro

2 cucharadas de aceite vegetal refinado

½ cucharadita de semillas de mostaza

½ cucharadita de semillas de comino

Una pizca de semillas de fenogreco

Una pizca de semillas de kalonji*

2 chiles rojos secos

10 hojas de curry

½ cucharadita de pasta de jengibre

½ cucharadita de pasta de ajo

½ cucharadita de cúrcuma

1 cucharadita de chile en polvo

1 cucharadita de pasta de tamarindo

500 g/1 libra 2 oz de calabaza, finamente picada

método

- Cuece ambos dhals con sal, 2,5 litros/4 litros de agua y la mitad de la menta y el cilantro en una olla a fuego medio durante 1 hora. Moler hasta obtener una pasta espesa. Dejar de lado.
- Calienta el aceite en una olla. Agrega las semillas de mostaza, comino, fenogreco y kalonji. Déjalos rociar durante 15 segundos.
- Agrega el chile rojo y las hojas de curry. Freír a fuego medio durante 15 segundos.
- Agregue pasta dhal, pasta de jengibre, pasta de ajo, cúrcuma, chile en polvo y pasta de tamarindo. Mezclar bien. Cocine a fuego medio, revolviendo frecuentemente, durante 10 minutos.
- Agrega el agua restante y la calabaza. Cocine a fuego lento hasta que la calabaza esté cocida.
- Agrega las hojas restantes de menta y cilantro. Cocine durante 3-4 minutos.
- Servir caliente.

Dhokar Dhalna

(Cubos de Dhal fritos en curry)

Para 4 personas

Ingredientes

600 g/1 libra 5 oz chana dhal*, remojado durante la noche

120 ml de agua

Agrega sal al gusto

4 cucharadas de aceite vegetal refinado y extra para freír

3 chiles verdes, picados

½ cucharadita de asafétida

2 cebollas grandes finamente picadas

1 hoja de laurel

1 cucharadita de pasta de jengibre

1 cucharadita de pasta de ajo

1 cucharadita de chile en polvo

¾ cucharadita de cúrcuma

1 cucharadita de garam masala

1 cucharada de hojas de cilantro, finamente picadas

método

- Muele el dhal con agua y un poco de sal hasta obtener una pasta espesa. Dejar de lado.
- Calienta 1 cucharada de aceite en una olla. Agrega los pimientos verdes y la asafétida. Déjalos rociar durante 15 segundos. Agrega la pasta dhal y un poco más de sal. Mezclar bien.
- Extienda esta mezcla en una bandeja para que se enfríe. Cortar en trozos de 2,5 cm/1 pulgada.
- Calentar el aceite para freír en una olla. Freír los trozos hasta que estén dorados. Dejar de lado.
- Calienta 2 cucharadas de aceite en una olla. Freír la cebolla hasta que se dore. Tritúralos hasta obtener una pasta y resérvalos.
- Calienta la 1 cucharada de aceite restante en una cacerola. Agregue la hoja de laurel, los trozos de dhal fritos, la pasta de cebolla frita, la pasta de jengibre, la pasta de ajo, el chile en polvo, la cúrcuma y el garam masala. Agrega suficiente agua para cubrir los trozos de dhal. Mezclar bien y cocinar a fuego lento durante 7-8 minutos.
- Adorne con hojas de cilantro. Servir caliente.

engañado

(Gramo rojo dividido simple Dhal)

Para 4 personas

Ingredientes

300 g/10 oz de toor dhal*

2,4 litros/4 pintas de agua

¼ de cucharadita de asafétida

½ cucharadita de cúrcuma

Agrega sal al gusto

método

- Cuece todos los ingredientes en una olla durante aproximadamente 1 hora a fuego medio.
- Servir caliente con arroz cocido.

Dulce Dhal

(Gramo rojo dulce partido)

Para 4-6 personas

Ingredientes

300 g/10 oz de toor dhal*

2,5 litros/4 pintas de agua

Agrega sal al gusto

¼ de cucharadita de cúrcuma

Una pizca grande de asafétida

½ cucharadita de chile en polvo

Trozo de azúcar moreno de 5 cm/2 pulgadas*

2 cucharaditas de aceite vegetal refinado

¼ cucharadita de semillas de comino

¼ de cucharadita de semillas de mostaza

2 chiles rojos secos

1 cucharada de hojas de cilantro, finamente picadas

método

- Lavar y cocinar el toor dhal con agua y sal en una olla a fuego lento durante 1 hora.
- Agregue la cúrcuma, la asafétida, el chile en polvo y el azúcar moreno. Cocine por 5 minutos. Mezclar bien. Dejar de lado.
- Calienta el aceite en una olla pequeña. Agregue las semillas de comino, las semillas de mostaza y los chiles rojos secos. Déjalos rociar durante 15 segundos.
- Vierta esto en el dhal y mezcle bien.
- Adorne con hojas de cilantro. Servir caliente.

Dhal agridulce

(Gramo rojo partido agridulce)

Para 4-6 personas

Ingredientes

300 g/10 oz de toor dhal*

2,4 litros/4 pintas de agua

Agrega sal al gusto

¼ de cucharadita de cúrcuma

¼ de cucharadita de asafétida

1 cucharadita de pasta de tamarindo

1 cucharadita de azúcar

2 cucharaditas de aceite vegetal refinado

½ cucharadita de semillas de mostaza

2 chiles verdes

8 hojas de curry

1 cucharada de hojas de cilantro, finamente picadas

método

- Cuece el toor dhal en una olla con agua y sal a fuego medio durante 1 hora.
- Agrega la cúrcuma, la asafétida, la pasta de tamarindo y el azúcar. Cocine por 5 minutos. Dejar de lado.
- Calienta el aceite en una olla pequeña. Agrega las semillas de mostaza, los chiles verdes y las hojas de curry. Déjalos rociar durante 15 segundos.
- Vierte esta especia en el dhal.
- Adorne con hojas de cilantro.
- Sirva caliente con arroz hervido o chapatti.

Mung-ni-Dhal

(Gramo verde dividido)

Para 4 personas

Ingredientes

300 g/10 oz de dhal mungo*

1,9 litros/3½ litros de agua

Agrega sal al gusto

¼ de cucharadita de cúrcuma

½ cucharadita de pasta de jengibre

1 chile verde, finamente picado

¼ cucharadita de azúcar

1 cucharada de ghee

½ cucharadita de semillas de sésamo

1 cebolla pequeña picada

1 diente de ajo, picado

método

- Cocine el mung dhal con agua y sal en una olla a fuego medio durante 30 minutos.
- Agregue la cúrcuma, la pasta de jengibre, los chiles verdes y el azúcar. Mezclar bien.
- Agregue 120 ml/4 fl oz de agua si el dhal está seco. Cocine a fuego lento durante 2-3 minutos y reserve.
- Calienta el ghee en una cacerola pequeña. Agrega las semillas de sésamo, la cebolla y el ajo. Fríelos durante 1 minuto, revolviendo constantemente.
- Agrega esto al dhal. Servir caliente.

Dhal con cebolla y coco

(Parte Red Gram con cebolla y coco)

Para 4-6 personas

Ingredientes

300 g/10 oz de toor dhal*

2,8 litros/5 pintas de agua

2 chiles verdes, picados

1 cebolla pequeña picada

Agrega sal al gusto

¼ de cucharadita de cúrcuma

1½ cucharaditas de aceite vegetal

½ cucharadita de semillas de mostaza

1 cucharada de hojas de cilantro, finamente picadas

50 g/1¾ oz de coco fresco rallado

método

- Cocine el toor dhal con agua, chiles verdes, cebolla, sal y cúrcuma en una olla a fuego medio durante 1 hora. Dejar de lado.
- Calienta el aceite en una olla. Agrega las semillas de mostaza. Déjalos rociar durante 15 segundos.
- Vierta esto en el dhal y mezcle bien.
- Adorne con hojas de cilantro y coco. Servir caliente.

Dahi Kadhi

(Llevar a base de yogurt)

Para 4 personas

Ingredientes

1 cucharada de besan*

250 g/9 oz de yogur

750 ml/1¼ litros de agua

2 cucharaditas de azúcar

Agrega sal al gusto

½ cucharadita de pasta de jengibre

1 cucharada de aceite vegetal refinado

¼ de cucharadita de semillas de mostaza

¼ cucharadita de semillas de comino

¼ de cucharadita de semillas de fenogreco

8 hojas de curry

10 g/¼ oz de hojas de cilantro, finamente picadas

método

- Mezcle besan con yogur, agua, azúcar, sal y pasta de jengibre en una olla grande. Mezclar bien para que no se formen grumos.
- Cocine la mezcla a fuego medio hasta que comience a espesarse, revolviendo con frecuencia. Calentar hasta que hierva. Dejar de lado.
- Calienta el aceite en una olla. Agregue semillas de mostaza, semillas de comino, semillas de fenogreco y hojas de curry. Déjalos rociar durante 15 segundos.
- Vierta este aceite encima de la mezcla de besan.
- Adorne con hojas de cilantro. Servir caliente.

Dhal de espinacas

(Espinacas con Gramo Verde Partido)

Para 4 personas

Ingredientes

300 g/10 oz de dhal mungo*

1,9 litros/3½ litros de agua

Agrega sal al gusto

1 cebolla grande, picada

6 dientes de ajo, picados

¼ de cucharadita de cúrcuma

100 g/3½ oz de espinacas picadas

½ cucharadita de amchoor*

Una pizca de garam masala

½ cucharadita de pasta de jengibre

1 cucharada de aceite vegetal refinado

1 cucharadita de semillas de comino

2 cucharadas de hojas de cilantro, finamente picadas

método

- Cuece el dhal con agua y sal en una olla a fuego medio durante 30-40 minutos.
- Agrega la cebolla y el ajo. Cocine por 7 minutos.
- Agregue la cúrcuma, las espinacas, el amchoor, el garam masala y la pasta de jengibre. Mezclar bien.
- Saltee hasta que el dhal esté suave y se infundan todas las especias. Dejar de lado.
- Calienta el aceite en una olla. Agrega las semillas de comino. Déjalos rociar durante 15 segundos.
- Vierta esto encima del dhal.
- Adorne con hojas de cilantro. Servir caliente

www.ingramcontent.com/pod-product-compliance
Lightning Source LLC
Chambersburg PA
CBHW070406120526
44590CB00014B/1287